HISTORIAS INTERESANTES
PARA NIÑOS CURIOSOS

¡Una asombrosa colección de historias increíbles, divertidas y verdaderas de todo el mundo!

COOPER THE POOPER

"*Siempre hay espacio para una historia que pueda transportar a la gente a otro lugar*"

– J.K. Rowling

CONTENIDO

INtroDUCCióN

Este libro es una colección de cuentos para niños de todas las edades. Puedes leerlos tú mismo y contárselos a tus amigos la próxima vez que los veas. También puedes pedirle a mamá o papá o a cualquier adulto o hermano mayor, que te los lea. En cualquier caso, son emocionantes y están llenos de datos divertidos que podrás compartir con tus amigos.

Hagamos un breve y emocionante viaje por los libros de historia para conocer a las personas, los lugares y los acontecimientos que han dado forma al mundo en que vivimos. Reviviremos momentos históricos, conoceremos a personas del pasado, los genios, los no tan geniales, y a los agresores y a los héroes que les enseñaron la bondad. Lee sobre los adorables y valientes animales que detuvieron e, incluso, frenaron guerras. Descubre algunas prácticas de higiene realmente extrañas del antiguo Egipto y Roma, y conoce a los médicos que se negaban a lavarse las manos y a los que robaban cerebros.

¿Has estado en Italia para ver la Torre de Pisa? ¿Sabías que la Torre de Pisa no sólo es genial porque se ha mantenido erguida y, de alguna manera, no se ha caído?

El científico italiano Galileo demostró algo importante sobre la gravedad en la Torre de Pisa. Dejó caer al mismo tiempo dos bolas de distinto peso para demostrar que la rapidez con la que cae un objeto, no depende de su peso. Un astronauta estadounidense de la misión espacial Apolo 15 repitió un experimento similar en la Luna. Dejó caer un martillo y una pluma a la vez y ambos cayeron al suelo al mismo tiempo. Sin embargo, esta no fue la primera vez que los astronautas hicieron algo genial en la Luna. Durante la misión Apolo 14, el comandante del equipo de astronautas jugó al golf en la superficie de la Luna.

La próxima vez que pongas azúcar en tu té o comas un caramelo pegajoso, intenta imaginar que caminas por las calles de Boston en un día de verano muy caluroso ¿Puedes oler la melaza?

¿Te gusta más el frío o el calor? Quizá te gustaría vivir en Marruecos, con el desierto y el mar rodeándote. O, tal vez, seas más de invierno y prefieras vivir en Alaska y esquiar. Si te enfrentas al frío, quizá puedas llegar a la isla de Hans y ver por qué tanto alboroto, y por qué Canadá y Dinamarca no quisieron renunciar a ella. Si llevas tu propia bandera, es posible que también puedas reclamar la isla como tuya. O tal vez no, porque no encontrarás comida allí, a menos que tengas los tubérculos de la NASA y puedas cultivar patatas. Si pueden crecer en el espacio, pueden crecer en medio de dos de los océanos más fríos del mundo.

Hablando de océanos, ¿cuántos piratas crees que hay?
¿Sabías que los piratas solían recorrer los mares y que
hay tesoros escondidos por todo el mundo? Si los océanos
se terminasen en algún lugar, ¡probablemente los piratas
serían los encargados de encontrarlo! Quizá sepan
lo que ocurre en el Triángulo de las Bermudas y cómo
volver. ¿Has oído hablar del misterio del Triángulo de
las Bermudas? ¿Tienes alguna teoría conspirativa propia
acerca de dónde van todos los barcos y las personas
cuando desaparecen? Tal vez vayan a otro universo; tal
vez sea allí también donde fueron todos los dinosaurios y
los cocodrilos galopantes.

Imagínate cuánto debió temblar el suelo, incluso cuando
Mansa Musa y sus miles de protectores estaban a mil
kilómetros de distancia. ¿Te imaginas lo feliz que se
puso la gente cuando les entregó brillantes piezas de

oro mientras cabalgaba por las calles de Egipto? Debió enceguecer.

Si te ofrecieran la presidencia de una nación, ¿qué tipo de presidente serías? ¿Serías amable y honorable como George Washington, o inteligente y estratégico como Abraham Lincoln? ¿Estarías preocupado y la rechazarías como Albert Einstein, porque no era un político? ¿Sólo los políticos, como Lord Byron, pueden ser presidentes? ¿Pueden también tener mascotas extrañas como los osos?

Si tuvieras que estar en una guerra, ¿serías valiente y lucharías, o serías más astuto que tus enemigos con equipos de espionaje y tal vez algunos super- gatos? O bien huirías como el sultán de Zanzíbar, ¡sólo dos minutos después de que empezara la lucha!

En este libro encontrarás todas estas y muchas más historias de todo el mundo (¡y del espacio!). Son increíbles, divertidas, un poco aterradoras y todas verdaderas. Así que abróchate el cinturón y trae a tus amigos (también pueden venir mamá o papá) porque tenemos mucho que aprender.

Albert Einstein dice: "Gracias, pero no, gracias"

Albert Einstein es conocido en casi todo el mundo como una de las personas más inteligentes de todos los tiempos. Su descubrimiento de la ley del efecto fotoeléctrico le valió el Premio Nobel de Física de 1921 y abrió un mundo completamente nuevo para la física cuántica. Está claro que Einstein era un hombre inteligente, así que, ¿por qué dijo que no cuando le propusieron ser presidente del Estado de Israel en 1952?

Las palabras exactas de Einstein cuando rechazó la oferta fueron las siguientes:

"Estoy profundamente conmovido por el ofrecimiento de nuestro Estado de Israel [para servir como Presidente], y a la vez entristecido y avergonzado por no poder aceptarlo. Toda mi vida me he ocupado de asuntos objetivos, por lo que carezco tanto de la aptitud natural como de la experiencia para tratar adecuadamente con las personas y ejercer funciones oficiales".

El Primer Ministro israelí hizo a Einstein la oferta de convertirse en presidente del Estado de Israel, después de que el primer presidente, Chaim Weizmann, muriera el 9 de noviembre de 1952. En Israel, la presidencia es un cargo simbólico, un poco como el de la Reina en Inglaterra. El presidente puede tomar, y de hecho lo hace, algunas decisiones, pero el Primer Ministro es la persona que realmente dirige el país.

Si Einstein hubiera aceptado la oferta, habría tenido que dejar los Estados Unidos de América, donde trabajaba como profesor en la Universidad de Princeton, para vivir permanentemente en Israel. Sin embargo, la oferta dejaba claro que seguiría teniendo libertad para trabajar en la ciencia, ya que el trabajo no era tan exigente como el del Primer Ministro.

Probablemente, a Einstein se le ofreció la presidencia porque había nacido en una familia judía, en Alemania, en 1879. Además, compartía creencias similares a las del gobierno y el pueblo de Israel.

El Estado de Israel se formó en 1948, tres años después del final de la Segunda Guerra Mundial, y fue el primer Estado judío en más de 2.000 años. El cargo de presidente es diferente en Israel, ya que allí, a diferencia de muchos otros estados, no se exige que el candidato presidencial haya nacido en ese estado y tenga un claro arraigo en las comunidades de ese país y sus territorios. Sin embargo, Israel reconoce a los judíos de todo el mundo y cualquier persona de ascendencia judía puede reclamar la ciudadanía y ser elegible para un cargo público. Por eso, Einstein habría podido ser presidente, aunque no hubiera nacido allí, al igual que su primer presidente.

ESTACIÓN DE TRATAMIENTO DE LA ORINA

Orina

Orina

Los múltiples usos de la orina en la antigua Roma

Las fuentes históricas, tanto del Imperio romano como del griego, han registrado casos de personas que utilizaban la orina, humana y animal, para blanquear sus dientes. Una fuente dice, incluso, que los romanos compraban orina a los portugueses para usarla como blanqueador de dientes.

Hay dos grupos de historiadores que dicen cosas ligeramente diferentes sobre este asunto y ambos bandos están dispuestos a demostrar por qué son el bando correcto.

Por un lado, tenemos a los historiadores, que dicen que, como esta información nos llega a través de poemas y cuentos, es posible y muy probable, que no sea cierta en absoluto. A menudo decimos cosas que no son del todo ciertas para burlarnos de la gente y algunos piensan que los poetas que escribieron que los romanos usaban la orina para limpiarse los dientes, estaban haciendo precisamente eso. El primer poeta que dijo esto, Cayo Valerio Catulo, hablaba de una persona concreta que utilizaba la orina para limpiarse los dientes. Ese hombre formaba parte de un grupo celta —los celtíberos— que vivía en el centro y el este de la Península Ibérica, bajo

el dominio del Imperio romano. El problema con la historia de Catulo es que no consta en ninguna parte que visitara realmente a los celtíberos, por lo que, si creía que los celtíberos realmente utilizaban la orina como enjuague bucal, debió oírlo de otra persona y no verlo por sí mismo. Además, Catulo era un romano italiano y a los romanos italianos no les gustaban los celtíberos y los consideraban asquerosos.

Por otro lado, tenemos otro grupo de historiadores que dicen que puede haber algo de verdad en este relato, pero que no estamos escuchando la historia completa. Se trata de los historiadores más jóvenes que, en su mayoría, leyeron y criticaron las obras de los historiadores más antiguos y anteriores. Por ejemplo, el historiador griego Diodoros Sikeliotes también escribió que los celtíberos utilizaban la orina, pero dijo que se bañaban y se limpiaban los dientes con ella. A Sikeliotes le sorprendió esta práctica porque los celtíberos eran muy limpios. Esta versión de los hechos también está respaldada por el geógrafo griego Estrabón de Amaseia.

¿Qué se ha demostrado?

Todo lo que Catulo, Sikeliotes y Strabon nos dicen en realidad, es que los celtíberos pueden haber utilizado la orina para limpiar sus dientes y cuerpos, pero no pueden confirmar si esto es algo que hacían todos los celtíberos. También es difícil decir si lo hacían todo el tiempo o si sólo se hacía en ciertas ocasiones.

Tampoco sabemos cuál era el proceso real. ¿Se mezclaba la orina con otras cosas como menta y hierbas o plantas? ¿Qué propiedades de la orina eran importantes y cómo lo sabían?

En todo caso, sus relatos nos hablan más de los romanos italianos y los griegos y de cómo despreciaban a los celtíberos sólo porque hacían las cosas de forma diferente a ellos. Creían fácilmente que la gente podía meterse orina en la boca porque no consideraban a los celtíberos gente como ellos. Los propios romanos italianos también utilizaban la orina, pero como lejía para limpiar sus ropas y no eran ridiculizados por ello.

URINE

Animales de la segunda Guerra Mundial – Juliana la gran danesa

En 1941, durante la Segunda Guerra Mundial,
Gran Bretaña estaba bajo el ataque constante de los
bombardeos aéreos de Alemania. Estos bombardeos
tuvieron como objetivo ciudades, pueblos y zonas
industriales y destruyeron dos millones de hogares,
matando a más de 40.000 personas e hiriendo a miles.

En una ocasión, una bomba incendiaria cayó por el
tejado y entró en una casa, donde vivía una gran danesa,
llamada Juliana, con su dueño. Sin ningún entrenamiento
militar, Juliana se acercó a la bomba y orinó sobre ella,
apagándola antes de que pudiera detonar.

Juliana fue galardonada con la medalla de la Cruz
Azul por este valiente acto que no sólo salvó la vida de
su dueña, sino posiblemente la de las personas de los
alrededores de su casa que se habrían visto afectadas
por la explosión de la bomba incendiaria. La medalla
de la Cruz Azul es un premio que honra a los animales
y a las personas que han cambiado o salvado vidas. Las
primeras medallas de la Cruz Azul que se concedieron a
los animales fueron otorgadas a los caballos que sirvieron
en la Primera Guerra Mundial en 1918. Juliana fue uno
de los primeros perros en recibir este galardón durante la
Segunda Guerra Mundial.

Tres años más tarde, Juliana realizó otro acto de valentía
cuando alertó a su dueño de un incendio que se había

iniciado en su zapatería. Las rápidas acciones de Juliana consiguieron que toda la gente saliera sana y salva antes de que el fuego envolviera la tienda, y no se perdió ni una sola vida. Fue honrada con una segunda medalla de la Cruz Azul. Desgraciadamente, Juliana murió a causa de un veneno que fue enviado a través del buzón de su propietario en 1946, un año después de que terminara la Segunda Guerra Mundial.

La historia de Juliana quedó en el olvido después de un tiempo, eso hasta que se desalojó una propiedad, en Bristol, Inglaterra, en 2013. Un subastador encontró la medalla de la Cruz Azul de 1941 y un cuadro de Juliana con una placa que describía cómo había extinguido la bomba incendiaria durante la guerra. Se estimaba que ambos objetos se venderían por unas 60 libras, pero en cambio se vendieron por 1.100 libras.

El gran danés no es una raza canina danesa, a pesar de su nombre. De hecho, es alemán. El gran danés se hizo popular por primera vez como perro de caza y muchos de los primeros informes sobre la raza decían que era danesa o que implicaba un vínculo con Dinamarca. Esto no fue bien recibido por la Alemania nazi y, durante la Segunda Guerra Mundial, la sociedad canina alemana, que estaba bajo el control de los nazis, la Reichsverband für das Deutsche Hundewesen, intentó que el gran danés pasara a llamarse Deutsche Dogge, que significa perro alemán. Sin embargo, este cambio de nombre fracasó bastante, ya que, aunque el perro se llamaba Deutsche Dogge en la Federación Alemana, seguía siendo conocido como Gran Danés en casi todo el resto del mundo.

Animales de la segunda Guerra Mundial- Ratas explosivas

A lo largo de la historia, hay muchos relatos sobre la participación de animales en las guerras. Por ejemplo, las primeras batallas se libraban a menudo a caballo y otros animales, como las mulas, eran útiles para proporcionar apoyo y transporte a las legiones que cruzaban los desiertos del norte de África y Oriente Medio. Los perros también están bien documentados y se les atribuye una labor en ambas guerras mundiales. Como perros guardianes, utilizaban su agudo sentido del olfato y del oído para advertir a los soldados del peligro que se acercaba. Como perros de combate, fueron entrenados para atacar al enemigo. Como perros de rescate, llevaban suministros médicos a los soldados heridos bajo ataque. También se utilizaron perros más especializados para llevar mensajes entre distintos campamentos y algunos fueron entrenados como perros rastreadores para encontrar minas terrestres y personas enterradas bajo los escombros después de los bombardeos.

Todos estos animales dependían de sus propias habilidades y capacidades para salvar vidas con éxito y para ayudar a otros a salvar vidas durante el conflicto. Por supuesto, tenían que estar vivos para hacer su trabajo. Pero, no fue así en un plan especial y audaz en el que participaron animales.

En un momento de la Segunda Guerra Mundial, cuando parecía que Alemania estaba ganando la guerra y estaba muy cerca de destruir a Gran Bretaña, las fuerzas secretas británicas tuvieron que pensar rápidamente en un plan para sobrevivir. Pensaron que utilizar un animal les daría una ventaja y empezaron a decidir cuál sería el animal perfecto para llevar a cabo esta importante labor. ¿Su decisión? La rata, o más concretamente, la rata bomba.

Para crear estas "herramientas" especiales, se desolló una verdadera rata muerta y luego se le cosió la piel para darle la forma de una rata viva. Luego, la piel se rellenaba con explosivos plásticos que rellenaban su forma y la hacían parecer una rata al ojo desprevenido.

El plan consistía en depositar las ratas en los suministros de carbón de Alemania, de modo que se introdujeran en los hogares, las bases militares, las máquinas de vapor y, prácticamente, en cualquier lugar donde se utilizara carbón. Entonces explotarían, destruyendo esas estructuras. Se pensó que esto destruiría industrias como los proveedores de alimentos y causaría pánico en toda Alemania. Este pánico y destrucción permitiría a Gran Bretaña conquistar Alemania, porque sus bases militares se debilitarían.

Por desgracia, las cosas no salieron como Gran Bretaña esperaba. De alguna manera, los alemanes descubrieron el primer lote de ratas bomba antes de que fueran distribuidas (sin saberlo). La misión británica fracasó y las ratas bomba se unieron a una lista de bombas imitando animales que fracasaron y que incluían gatos bomba y

murciélagos bomba.

La gran guerra de los emúes en Australia

El emú es el segundo pájaro más grande del mundo, después del avestruz, y, al igual que su primo el avestruz, no puede volar muy alto. Los emús son autóctonos de Australia, es decir, sólo se encuentran de forma natural en este país.

En 1932, unos veinte mil emús se desbocaron en el territorio occidental de Campion (Australia), provocando el caos y el desorden en las granjas con plantaciones de trigo. Para intentar controlar a los emús, el gobierno australiano envió soldados para combatirlos, lo que se conoció como la Gran Guerra del Emú.

Los enloquecidos emús destrozaban jardines, patios, vallas y todo lo que se interponía en su camino. Esto era un gran problema porque muchos granjeros vivían allí y los emús estaban arruinando todo lo que necesitaban para cultivar trigo. Otros animales que se mantenían detrás de las vallas de los granjeros, también se escapaban y causaban su propio caos. Entonces, las granjas no sólo fueron atacadas por los emúes, sino también por sus propios animales domésticos. Las vallas rotas también permitían la entrada de animales salvajes, como los canguros, y esto no era nada bueno para los granjeros.

Muchos de los cultivadores de trigo de esta zona habían estado en la Primera Guerra Mundial y no tenían trabajo cuando volvieron de la guerra, así que el gobierno australiano les había dado tierras para cultivar trigo. Como eran soldados entrenados con rifles, los agricultores se propusieron cazar y matar ellos mismo a todos los emús, pero no pudieron hacerlo porque no tenían el tipo de munición que necesitaban.

Los granjeros, confundidos y algo asustados, no sabían qué hacer porque necesitaban la comida que los emús estaban destruyendo, para ganar dinero y para que sus familias pudieran comer. Así que pidieron ayuda al gobierno, que envió al ejército nacional. Estos nuevos soldados debían cazar y matar a todos los emús con ametralladoras. ¡Parece una tontería, enviar a un ejército a matar pájaros!

Mientras los soldados se preparaban para la caza de emús, los granjeros intentaron agruparlos para mantenerlos a todos en un mismo lugar y que los soldados tuvieran más posibilidades de dispararles. Tras unos cuantos disparos, las armas que los soldados habían traído se trabaron y todos los emús se escaparon. Los soldados siguieron tratando de idear formas de matar a los emús, incluyendo el intento de atropellarlos con camiones, pero los emús eran demasiado rápidos y se dispersaban en todas las direcciones y hacían aún más difícil el atraparlos. Los periódicos consideraron que los soldados eran tontos y se burlaron de ellos por no ser más astutos que los pájaros. Un periódico escribió lo siguiente:

"Los emús han demostrado que no son tan estúpidos como se les suele considerar. Cada grupo tiene su líder, siempre un enorme pájaro de plumaje negro de dos metros de altura, que vigila mientras sus compañeros se ocupan del trigo. Al primer signo sospechoso, da la señal y docenas de cabezas salen de la cosecha. Unos pocos pájaros se asustan, iniciando una estampida hacia los matorrales y el líder siempre se queda hasta que sus seguidores están a salvo".

Tras sufrir una vergonzosa y pública derrota contra los emús, el gobierno dio a los granjeros la munición que necesitaban para disparar ellos mismos a los emús y, en 1934, se mataron 57.034 emús en seis meses. Después de esto, el gobierno suspendió la Gran Guerra del Emú y se limitó a aceptar que los emús hicieran lo que quisieran.

Hoy en día, hay más de 700.000 emús en Australia y el animal figura en el escudo de Australia junto al canguro.

EL CAPITÁN JACK SPARROW ERA UNA NIÑA

Ching Shih nació como Shi Yang en 1775, en la provincia china de Guangdong, y vivió en la ciudad china de Cantón bajo la dinastía Qing antes de convertirse en pirata. En 1801, a los 26 años, se casó con un notorio pirata llamado Cheng I, cuyas operaciones se desarrollaban en el Mar del Sur de China. Cheng I era el temible comandante de una flota de barcos piratas conocida como la Flota de la Bandera Roja y había logrado unir a muchos grupos de piratas chinos que antes eran enemigos. Como condición para aceptar casarse con Cheng I, ella había exigido igual poder y control de la Flota Bandera Roja y pronto se convirtió en la jefa de la organización, participando en la piratería de Cheng I. Ching Shih era también una mujer de negocios muy hábil y persuasiva y utilizó los secretos de los clientes de su marido para obtener más poder. Tras la muerte de Cheng I, en 1807, lo sucedió. Se convirtió así en Ching Shih (que significa "viuda de Cheng") y comenzó a saquear en Cantón.

Sin embargo, se suponía que el hijo adoptivo de Cheng I, Cheung Po Tsai, era el que se haría cargo de la Flota de Bandera Roja. Esto colocó a Ching Shih en una posición muy peligrosa. Era raro encontrar mujeres piratas y mucho más raro, mujeres líderes de flotas de barcos piratas. Al darse cuenta de que podía perderlo todo, Ching Shih tomó a Cheung Po Tsai como amante y acabó casándose con él. Esto la devolvió al poder y, en el punto álgido de su liderazgo, llegó a comandar más de 1.800 barcos y unos 80.000 hombres.

Ching Shih hizo que los piratas bajo su dominio se rigieran por un código de leyes muy estricto. Estas leyes establecían que las órdenes sólo podían venir de un superior y, si un pirata desobedecía estas órdenes o daba órdenes propias, sería decapitado. También había leyes claras sobre las mujeres cautivas y cómo debían ser tratadas. Cualquier pirata que maltratara a las cautivas debía ser condenado a muerte. Además, si un pirata se casaba con una cautiva, sólo podía tener una esposa (la cautiva). Los piratas respetaban a Ching Shih, seguían el código de la ley y obedecían su autoridad. Esta fue en parte la razón por la que la Flota de la Bandera Roja no fue derrotada, a pesar de que los funcionarios de la dinastía Qing, la Compañía de las Indias Orientales y la Armada portuguesa intentaron destruirla.

Ching Shih se retiró en 1810, tras tres años de éxito en el poder, y aceptó la oferta de amnistía del gobierno chino. Se dice que hubo peleas internas en la Flota de la Bandera Roja y que los piratas dejaron de trabajar juntos. Ching Shih tuvo una vida muy larga a pesar de

ser pirata y murió a los 69 años en 1844. Hoy su legado se ve mejor en el personaje del Señor Pirata del Océano Pacífico, Mistress Ching, que se inspiró en la vida de Ching Shih, en la película *Piratas del Caribe: En el fin del mundo.*

Puede que sólo hayas oído hablar de los piratas en cuentos y películas como Piratas del Caribe, pero la piratería se sigue practicando en la actualidad. Muchos de los barcos piratas actuales no se parecen a los barcos sobre los que leemos, pero están inspirados en piratas reales del pasado como Cheng I y Ching Shih. En los océanos del mundo hay todo un mundo de piratas que viven según la idea de un código de piratas, tal y como lo introdujo Ching Shih hace más de mil años, aunque el código de leyes exacto depende de cada barco pirataen particular, de la flota a la que pertenecen y del océano en el que operan.

Los piratas siguen vagando por los mares y, si se busca lo suficiente, es posible que se encuentren una o dos flotas.

Ratones muertos para la higiene dental

¿Sabías que los médicos colocan gusanos en las heridas por quemaduras para limpiar la zona, ya que los gusanos se comen toda la piel quemada y muerta y dejan la piel sana para que se cure y vuelva a crecer? Suena muy repugnante, pero funciona, y todavía no hay un sustituto moderno que haga mejor el trabajo.

Hay otra práctica médica bastante repugnante, que era popular en el antiguo Egipto y que, gracias a Dios, no hacemos hoy en día: utilizar ratones muertos. Existían dos formas de tratar los problemas dentales con ratones muertos. Para los dolores de muelas, los antiguos egipcios solían triturar los ratones muertos hasta convertirlos en una pasta que se aplicaba al diente cariado para aliviar el dolor y, también, para curar la caries. Si el dolor de muelas era intenso o si el problema era sólo en las encías, abrían un ratón en rodajas y, mientras estaba caliente, lo apoyaban en la zona afectada.

La higiene dental era importante en el antiguo Egipto, porque la gente solía padecer una mala salud dental; cosas tales como caries y enfermedades de las encías. Esto se debía principalmente a los alimentos que comían

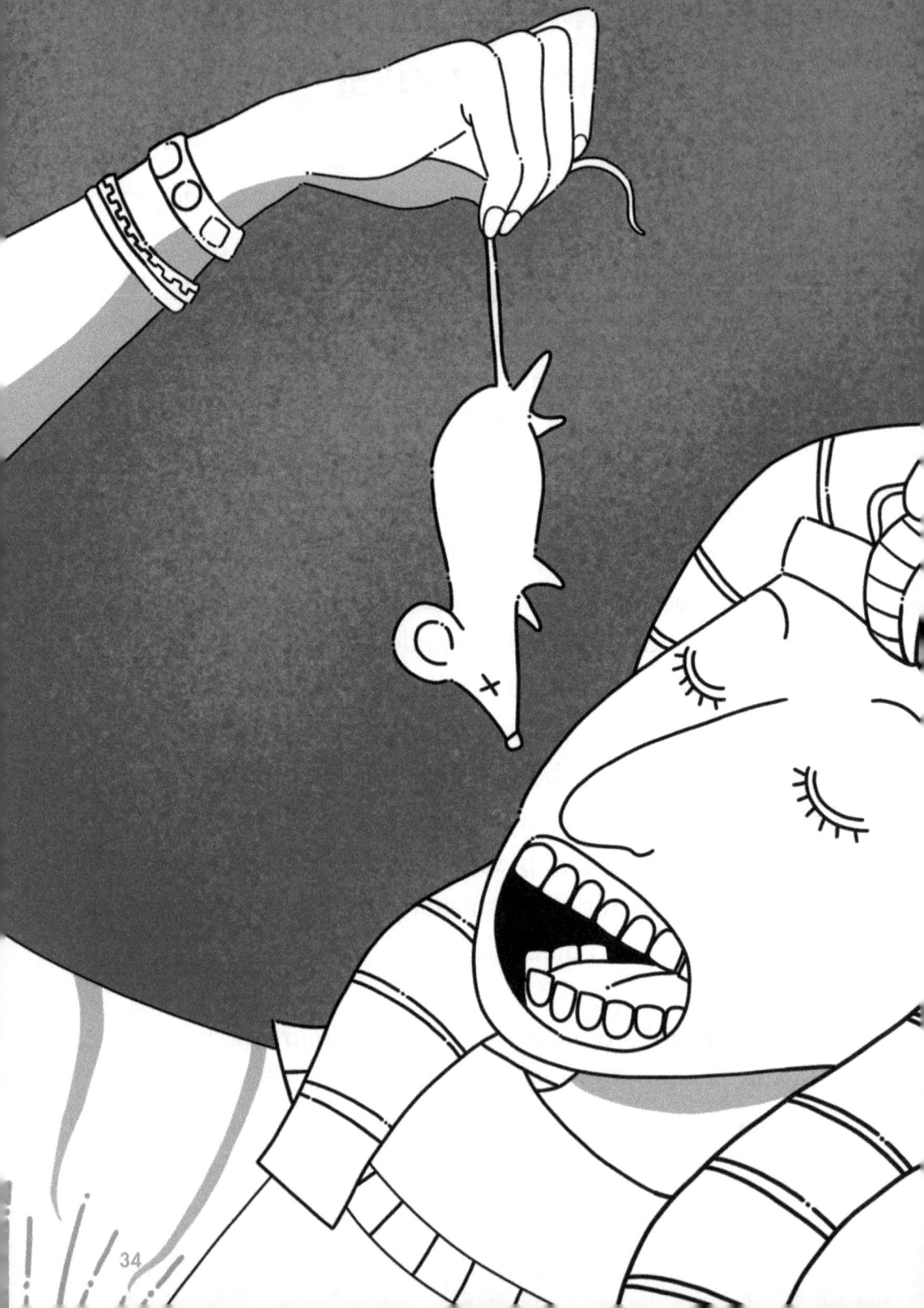

y a que muchas personas no se cuidaban los dientes. Los antiguos egipcios solían comer muchas verduras crudas y panes duros que desgastaban el esmalte de sus dientes. También había arena y pequeñas piedras en su pan debido a su ubicación geográfica. Muchas naciones desérticas solían luchar con estos problemas porque la arena estaba por todas partes y era muy difícil mantenerla alejada de los alimentos, especialmente de los granos como el trigo. ¿Y de dónde venía su pan? De todo ese trigo arenoso y rocoso. ¡Qué asco!

Los antiguos egipcios sabían lo importante que era la higiene bucal para la salud general de una persona e inventaron el primer tipo de polvo limpiador para los

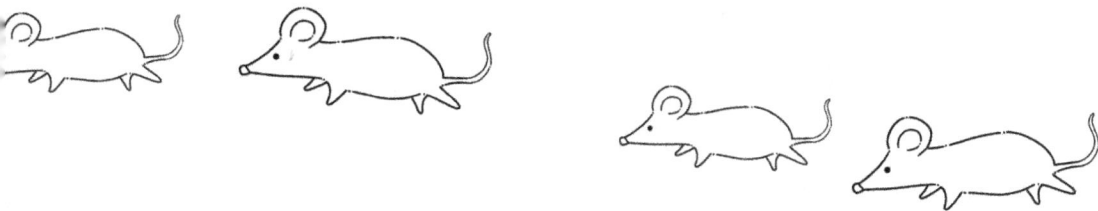

dientes, hecho de roca triturada, sal, menta, pimienta y flor de lirio seca. En cierto modo, se trataba de la primera pasta de dientes del antiguo Egipto. Sin embargo, les hacía sangrar las encías debido a la dureza de los ingredientes, como las rocas, la sal y la pimienta, pero estaban en el buen camino. Muchos de los ingredientes activos de los dentífricos actuales provienen de esta larga historia de probar cosas hasta que funcionan. Con el tiempo, los egipcios pasaron de las piedras a la sal y a las cáscaras de huevo trituradas como abrasivos, porque eran menos duras, y hoy utilizamos abrasivos mucho más suaves como el carbonato de calcio. También utilizamos flúor para proteger el esmalte de los dientes y combatir las caries.

Los arqueólogos incluso encontraron bandas metálicas alrededor de los dientes de algunas de las momias que estudiaron. Esto demuestra que la idea de los aparatos dentales ya era popular en el antiguo Egipto, para evitar la pérdida de dientes. Más interesante aún, es el hallazgo de dientes que parecen haber sido reimplantados con alambre de oro o plata.

Ahora, las visitas al dentista son una de las responsabilidades sanitarias más importantes que tenemos y, aunque muy poca gente disfruta yendo al dentista, es mucho más cómodo que en la época del antiguo Egipto.

Muerte por cerezas

¿Has oído hablar alguna vez del duodécimo presidente de los Estados Unidos de América, el presidente Zachary Taylor? Es el único presidente en la historia de los Estados Unidos, y probablemente en todo el mundo, que murió por comer cerezas.

El presidente Zachary Taylor murió el 9 de julio de 1850, después de haber sido presidente durante menos de dos años. En ese momento, nadie sabía qué lo había matado pero, más tarde, se dijo que había muerto de una enfermedad estomacal, causada por el tazón de cerezas y la leche helada que había estado comiendo y bebiendo en las celebraciones del 4 de julio en Washington, D.C., donde se iba a construir el Monumento a Washington para celebrar la libertad de América.

Entonces, ¿cómo murió el presidente Taylor por comer un tazón de cerezas y beber leche? Bueno, echemos un vistazo a los últimos días de su vida. El primero de sus cinco días finales comenzó el 4 de julio, cuando estuvo de fiesta todo el día. En los Estados Unidos, el mes de julio es pleno verano y ese día hacía mucho calor. Los historiadores dicen que el presidente Taylor bebió mucha leche con hielo para mantenerse fresco durante todo el día. También comió cerezas durante un festejo del 4 de julio al que acudió. También es muy posible que bebiera un poco de agua para calmar la sed del calor.

Al final del día, el presidente Taylor decidió dar un largo y relajante paseo junto a un río para despejarse del estrés del día. Después de un agradable paseo, regresó a la Casa Blanca pero, de repente, cayó enfermo. Se lo llevó rápidamente a la cama y el personal de la Casa Blanca lo ayudó a ponerse cómodo hasta que un médico pudo venir a verlo. Durante los cuatro días siguientes, el presidente Taylor sufrió calambres estomacales muy fuertes, náuseas y diarrea. Todo ello le provocó deshidratación y murió la noche del 9 de julio.

Aquí es donde la historia se vuelve aún más interesante.

La explicación directa y sencilla es que murió por la reacción química que se produjo en su estómago cuando las cerezas se mezclaron con la leche. Las cerezas tienen mucho ácido de forma natural y, cuando la leche se calienta demasiado, se vuelve mala y agria y también produce ácido. Nuestros estómagos también contienen aún más ácido. Este ácido en nuestros estómagos es bueno porque mata las bacterias malas que hay en los alimentos que comemos y ayuda a que las bacterias buenas crezcan en nuestro intestino. Sin embargo, un exceso de ácido en el estómago es muy malo y puede provocar una enfermedad llamada gastroenteritis, que algunos creen que fue lo que mató al presidente Taylor.

El informe final del médico del Presidente Taylor decía que había muerto de cólera, ¡y esto también tiene sentido!

Cólera es una enfermedad infecciosa causada por una bacteria en el intestino delgado, que se puede contraer por el suministro defectuoso de agua. En el siglo XIX, Estados Unidos tenía un gran problema con el agua porque el sistema de alcantarillado estaba muy mal construido y era poco higiénico. Había un brote de cólera casi todos los veranos porque hacía mucho calor. El cólera provoca náuseas y diarrea; el presidente Taylor tenía ambos síntomas. Pudo contagiarse de la bacteria por el agua que bebía y los cubitos de hielo de la leche. Esta enfermedad ya no es tan mortal como antes porque los médicos se han dado cuenta de que, como se pierde mucho líquido cuando se tienen náuseas y diarrea, la forma más rápida de mejorar, es beber más líquidos.

¿Ves? No hace falta decir "no gracias" a una sabrosa tarta de cerezas o a un buen vaso de leche fría con tus galletas en verano porque, afortunadamente, el suministro de agua en la mayoría de los países es mucho mejor ahora y tenemos agua limpia y segura para beber. Si visitas países muy calurosos en los que corres el riesgo de beber agua que pueda enfermarte, hay pastillas que puedes poner en el agua para matar la bacteria que causa el cólera.

Así pues, puedes disfrutar de cerezas, leche y agua en cualquier parte del mundo gracias al increíble e inteligente trabajo que han realizado los científicos y los médicos, desde la época del presidente Zachary Taylor.

Los primeros pasos de la Revolución Industrial

Los relojes despertadores han avanzado mucho; algunos son tan inteligentes que tienes que levantarte de la cama y pisar una alfombra especial para que dejen de sonar. Hoy en día, la forma más popular de despertador es la que se encuentra en prácticamente cualquier *gadget: teléfono móvil, smartwatch* e, incluso, altavoces domésticos inteligentes. Es difícil imaginar lo que la gente hacía antes de que se inventaran las alarmas porque, si bien es cierto que el tráfico de cada mañana es algo que hay que tener en cuenta, está claro que la gente siempre ha tenido problemas para despertarse a tiempo.

La respuesta es bastante sencilla, aunque un poco extraña. La mayoría de los trabajadores de la Gran Bretaña e Irlanda del siglo XIX tenían una persona a la que pagaban para que les despertara cada mañana.

"Vale, como una madre, solo que les pagas para que te despierten", estarás pensando. No es así.

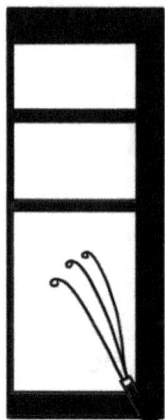

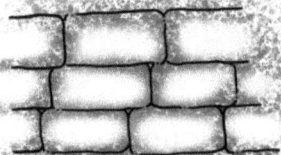

Durante la Revolución Industrial, un *"knocker-up"* era una persona cuyo trabajo consistía en despertar a otras personas por la mañana para que pudieran llegar al trabajo a tiempo. Muchos de los habitantes del centro y el norte de Gran Bretaña e Irlanda trabajaban en grandes fábricas que no les pagaban bien y trabajaban muchas horas, empezando muy temprano. Como no podían permitirse relojes despertadores, contrataban a seres humanos para que fueran a sus casas a despertarles a la misma hora cada mañana.

El despertador se inventó mucho antes de la Revolución Industrial, pero la gente común nunca tuvo necesidad de ellos y los utilizaban sobre todo los excéntricos que querían despertarse siempre antes de que saliera el sol, aunque no tuvieran que ir a trabajar.

Los *knocker-ups* solían golpear las puertas de las personas a las que debían despertar. Esto no funcionaba muy bien porque no tenían forma de asegurarse de que la persona estaba realmente despierta y fuera de la cama. Además, despertaban a todos los demás habitantes de la casa y a los vecinos. Después de unas cuantas pruebas y de las quejas de los vecinos que no querían despertarse a las 6 de la mañana, los *knocker-ups* encontraron formas más eficaces de despertar a las personas que necesitaban. Empezaron a golpear en las ventanas de las habitaciones, utilizando palos largos con pomos en el extremo, y algunos seguían llamando hasta que la persona se despertaba. Otros golpeaban unas tres veces y se iban. No era un sistema perfecto, pero en general funcionaba. Ser un *knocker-up* era un buen negocio y uno solo de ellos normalmente despertaba al menos a cien personas cada día.

Algunos de los famosos *"knocker-ups"* fueron Charles Nelson, que trabajó en el este de Londres durante veinticinco años despertando a médicos, conductores y comerciantes. Por seis peniques a la semana, Mary Smith disparaba guisantes secos a las ventanas de las personas a las que tenía que despertar en el este de Londres en los años 30. En 1941, Doris Weigand fue la primera *knocker-up* que trabajó para los ferrocarriles británicosy con muy poca antelación, tenía que despertar a los trabajadores en las emergencias, así como en los turnos urgentes, ya que no había ni horario de trabajo ni una lista.

Pero, ¿quién despertaba a los *knocker-up*s?

Algunas personas se despiertan todos los días a la misma hora; sus cuerpos se han acostumbrado a una rutina de sueño y por eso se cansan y se acuestan más o menos a la misma hora todas

las noches, para despertarse
a la misma hora todas las
mañanas. Hay muchas
técnicas que pueden enseñarte
esto. Sin embargo, muchos
*knocker-up*s solían dormir durante
el día y luego se quedaban despiertos toda la noche,
para poder empezar a trabajar tan pronto como se los
necesitase.

Ni que decir tiene que no todos los trabajadores estaban
encantados con sus *knocker-up*s porque, ¿cómo puedes
apagar a un ser humano?

Golf en la Luna

El programa espacial Apolo de los Estados Unidos fue un proyecto que duró catorce años, durante los cuales envió a veinticuatro astronautas a la Luna, de los cuales doce llegaron a pisar la superficie lunar. Todos los vuelos de alunizaje se produjeron en los seis años comprendidos entre 1968 y 1972 y sólo uno de ellos no llegó a la Luna. La primera misión Apolo tripulada fue el Apolo 11, en 1969 y la última, fue el Apolo 17, en 1972. Aunque estas misiones eran muy peligrosas y daban mucho miedo, porque nadie sabía qué esperar, también hubo algunos momentos tontos y divertidos. El más famoso fue cuando el comandante de la misión Apolo 14 golpeó dos pelotas de golf en el espacio, convirtiéndose en la primera persona en jugar al golf en la Luna.

El Apolo 11 fue la primera vez que los seres humanos pisaron la Luna y esto se convirtió en uno de los mayores logros de la historia de la humanidad. Con la confianza y los conocimientos que trajeron los astronautas Neil Armstrong, Michael Collins y Edwin Aldrin Jr., la Administración Nacional de Aeronáutica y del Espacio (NASA) del gobierno de los Estados Unidos de América

pudo lanzar más misiones a la Luna y explorar aún más el espacio. La gente de todo el mundo estaba muy emocionada porque los seres humanos eran lo suficientemente inteligentes e innovadores como para encontrar la manera de salir de la Tierra e ir a la Luna. Todo el mundo estaba también muy orgulloso porque obtuvimos mucha información nueva sobre la Luna y el espacio exterior. También pudimos ver la Tierra desde la Luna y esto nos enseñó muchas cosas importantes sobre nuestro planeta.

Esto condujo al Apolo 13, la segunda misión humana prevista para aterrizar en la Luna que terminó con una explosión que se convirtió casi en la mayor tragedia espacial de nuestra historia. Esta fue la misión desde la que se escuchó el ya famoso eco de la voz del comandante de la misión, James Lovell, diciendo: "Houston, hemos tenido un problema". La misión nunca llegó a la Luna, pero los miembros de la tripulación, Fred Haise, Jack Swigert y James Lovell, regresaron a la Tierra sanos y salvos tras la explosión. Evidentemente, aún quedaba mucho trabajo por hacer para evitar un incidente similar y asegurarse de que había una forma más segura y mejor de ir al espacio. El mundo entero quería ver más misiones espaciales y alunizajes y contaban con la NASA para ello.

La NASA dedicó algún tiempo a trabajar en un nuevo diseño de la nave espacial para asegurarse de que fuera más segura que la anterior y el 31 de enero de 1971 estuvieron listos para el despegue de otra misión humana a la Luna. Esta misión se llamó Apolo 14 y el astronauta comandante era Alan Sheppard, que ya había sido el primer estadounidense en el espacio, en 1961. Los otros dos miembros de la tripulación eran Stuart Roosa y Edgar Mitchell.

A Allan Sheppard le gustaba jugar al golf y, cuando terminó el trabajo científico que debía hacer, sacó un palo de golf improvisado que había metido en su calcetín y dos pelotas de golf. Debido a su pesado traje espacial, sólo podía hacer el swing con una mano y la primera bola no llegó muy lejos. Golpeó la segunda bola y esta llegó un poco más allá, pero todavía no muy lejos. Todo esto se transmitió en directo por televisión, con millones de personas observando desde la Tierra.

Isla de Hans: Canadá contra Dinamarca

La isla de Hans es un gran trozo de roca que se encuentra exactamente en el centro del estrecho de Nares, un canal de mar que conecta el océano Atlántico y el océano Ártico. El Estrecho de Nares tiene una longitud de 22 millas (35,4 kilómetros) y separa dos países, Canadá y Groenlandia, que es un territorio de Dinamarca. Según el derecho internacional, tanto Canadá como Dinamarca tienen derecho a reclamar la isla de Hans como parte de su país, ya que se encuentra a menos de 12 millas (19,3 kilómetros) de la costa canadiense hacia el sur y a menos de 12 millas de la costa danesa hacia el norte.

Ambos países acordaron dar al canal el nombre del oficial de la marina británica y explorador del Ártico, George Strong Nares, pero no se han puesto de acuerdo sobre quién debe quedarse con la isla Hans, ¡así que ambos países la reclaman!

En 1973, Canadá y Dinamarca (en nombre de Groenlandia) firmaron un tratado fronterizo sobre el estrecho de Nares, pero ninguno de los dos países quería renunciar a la isla Hans, por lo que dejaron un hueco en el tratado sobre el lugar que ocupaba la isla en la frontera. Entonces, en 1984, un barco militar canadiense fue a la isla, plantó la bandera canadiense y colocó allí una botella de whisky canadiense. Al enterarse de esto, el Ministro de Asuntos de Groenlandia de Dinamarca fue a la isla a plantar la bandera danesa y dejó una botella de aguardiente y una carta escrita en danés que decía: "Bienvenido a la isla danesa". Con las banderas de ambos países y las bebidas alcohólicas nacionales, todo quedó zanjado: la isla Hans pertenecía a los dos.

Este desacuerdo, a veces llamado "Guerra del Whisky", no ha tenido ninguna repercusión real para ninguno de los dos países porque nadie vive en la isla. También sería posible que Canadá y Dinamarca compartieran la isla como copropietarios. De hecho, no sería la primera vez que una isla pertenece a dos países que no comparten frontera terrestre. La isla caribeña de San Martín está dividida entre Holanda y Francia. Llamada Sint Maarten en el lado holandés y Saint-Martin en el lado francés, la isla está dividida en dos en todos los aspectos. La población de cada lado es ciudadana de cualquiera de los dos países y cada lado tiene su propia capital: Philipsburg en el lado holandés y Marigot en el lado francés. La división de la isla de Hans sería mucho más fácil, porque no hay ciudades ni ciudadanos de los que preocuparse.

En 2018, Canadá y Dinamarca acordaron utilizar la exploración geológica para averiguar qué país es el propietario legítimo de la isla Hans y, en 2019, ambos países dieron permiso a un geólogo canadiense para ir a la exploración para resolver la disputa de una vez por todas. Otros países que comparten las fronteras del Océano Ártico y el Océano Pacífico también han presionado a Canadá y Dinamarca, para obligarles a hacer una frontera. Temen que si los dos países se limitan a dejar abierta la cuestión sobre quién es el dueño de la isla Hans, alguien más podría reclamarla y entonces todos tendrían que ir a la guerra. La decisión sobre la isla Hans es importante, ahora más que nunca, porque si cualquier otro país dejara su bandera en la isla o estableciera allí una base militar, tanto Canadá como Dinamarca serían objetivos fáciles si estallara una guerra.

A la vista de Heinz: Los orígenes del ketchup

Si no pudieras ponerle ketchup a las patatas fritas, ¿las seguirías disfrutando? Probablemente, no tanto. El ketchup es una de las salsas más populares, si no la más popular, y combina con casi todo. Hay muchas combinaciones extrañas, como el ketchup y los plátanos, pero también hay combinaciones que todos aceptamos que tienen sentido, como el ketchup y las patatas fritas. Quizá te sorprenda saber que el ketchup no siempre se ha elaborado con tomates y que la versión que tanto nos gusta, es en realidad una imitación del original.

El ketchup se remonta a China en el año 300 a.C., cuando era una pasta elaborada con las entrañas fermentadas de pescado, la soja y subproductos cárnicos como el hígado. Al principio, era una salsa de pescado y se llamaba "ge-teacup" o "koe-cheap" en el dialecto Min del sur. Esta salsa se mantenía comestible durante las largas travesías por el océano y eso la convertía en el alimento ideal para llevar en viajes largos. Este estilo de hacer ketchup se recreó en diferentes partes del mundo, aunque se cambiaron los ingredientes. Los libros de cocina de principios de 1700 empezaron a incluir recetas de ketchup hechas con todo tipo de cosas, como setas, ostras y anchoas.

Los tomates llegaron a Gran Bretaña desde Sudamérica en el siglo XVI, pero el ketchup a base de tomate no se elaboró por primera vez hasta 1812. Aunque los tomates eran populares y conocidos, muchas personas adineradas pensaban que eran venenosos. Esto se debía a que comían en platos de plomo y estaño, que provocaban intoxicaciones alimentarias al entrar en contacto con el ácido del tomate. Así que su fruto no se utilizó en la alimentación durante casi tres siglos.

Con el tiempo, la gente empezó a utilizar otros utensilios y se dio cuenta de que quizá los tomates no eran el problema. Un científico de Filadelfia elaboró la primera receta de ketchup de tomate en 1812 y dijo que el mejor ketchup procedía de los tomates, a los que algunas personas llamaban "manzanas del amor" porque creían que los tomates eran una pócima de amor. Al principio, el problema era que el ketchup se estropeaba rápidamente porque era sólo tomate, especias y hierbas. Esto fue antes de que se generalizara el uso del vinagre en la cocina.

Más adelante, en 1876, Heinz empezó a fabricar ketchup y su fórmula era tomate, azúcar morena, sal, especias y vinagre destilado. El vinagre se convirtió en un conservante. Heinz también popularizó el uso de botellas de vidrio, para que los clientes pudieran ver exactamente lo que estaban comprando. Ahora sabemos que el vidrio es realmente bueno para conservar los alimentos porque, a diferencia del plomo, no puede filtrarse a lo que se almacena en su interior.

La invención del champán fue una de las muchas veces en las que no entendimos bien cómo funcionan las reacciones químicas, ¡y los resultados fueron gloriosos! El ketchup, en cambio, fue casi destruido antes de que se popularizara, por un malentendido sobre las propiedades de los tomates. Imagínate, ¡este malentendido casi le cuesta al mundo entero la cosa más deliciosa!

Jack, el mandril señalizador

James Edwin Wide era un señalero ferroviario que perdió las dos piernas en un accidente de trabajo y necesitaba un poco de ayuda para hacer su trabajo en una estación de ferrocarril en la pequeña ciudad de Uitenhage, Sudáfrica. En 1880, Wide fue a un mercado local y vio algo extraño: ¡un babuino conduciendo un carro de bueyes él solo!

Wide quedó inmediatamente impresionado por el babuino, así que lo compró y lo llamó Jack. Wide enseñó a Jack a empujarlo al trabajo en un pequeño carrito, porque le costaba mucho ir al trabajo y volver a casa cada día. Luego, Jack empezó a ayudar en algunas tareas domésticas, tal como la limpieza de la casa de Wide. Al ver lo bien que Jack era capaz de aprender todas estas nuevas habilidades, Wide empezó a dejar que Jack observara cómo hacía su trabajo y Jack aprendió rápidamente. Los babuinos son increíblemente inteligentes y tienen algunas características físicas que los ayudan a realizar el trabajo duro, por lo que pueden ser incluso más eficientes que los seres humanos en algunas tareas. Los babuinos y los primates en general, son muy organizados y siguen una rutina. Por eso, se les puede enseñar a hacer

un determinado trabajo o pueden enseñarse a sí mismos, observando repetidamente cómo se hace el trabajo.

El responsable de las señales se sentaba en una caja de señales y escuchaba los silbidos de los trenes de una manera específica para saber qué vías había que cambiar. Este es un trabajo importante que evita accidentes y Jack era muy bueno en ello. Jack conocía cada palanca por su nombre y lo que hacía, y también sabía lo que significaba cada patrón de silbidos que hacía el tren, así como de qué palanca tirar para responder a cada silbido. Pronto, Jack estaba haciendo todo el trabajo de Wide e impresionando a la gente con la que trabajaba, por lo fiable que era. Después del trabajo, Jack empujaba a Wide hasta su casa y toda vez que iban cuesta abajo, se subía al tranvía para ser llevados. No sólo eran grandes amigos, sino también grandes compañeros de trabajo.

No todos los que vieron a Jack haciendo su trabajo pensaban que era algo genial y un pasajero se quejó a los jefes de Wide de que fuera un babuino, y no un humano, quien controlara la caja de señales. Mucha gente no sabe que los primates son realmente inteligentes., Algunos lo son al menos tanto como los humanos, pero como viven de forma diferente, mucha gente no cree que tengan el mismo sentido de responsabilidad o que puedan percibir el peligro como los humanos.

Para aliviar algunos de estos temores, el director del ferrocarril no despidió a Wide. En lugar de ello, en 1890 visitó a Jack para comprobar lo bien que conocía el trabajo. Se dio cuenta de que Jack era realmente bueno en el trabajo y era tan bueno como el propio gerente, que tenía muchos años de experiencia.

Jack se enfermó de tuberculosis y murió después de nueve años de trabajo en la estación de tren sin cometer un solo error. La ciudad de Uitenhage compartió el dolor de Wide y los periódicos informaron que tenía el corazón destrozado porque Jack era algo más que su ayudante: se había convertido en su mejor amigo y en su familia.

Lila: El perro que detuvo una guerra

Era el año 1777 y el padre fundador y entonces general del ejército colonial de los Estados Unidos, George Washington, acababa de vivir una de las batallas más importantes y humillantes de la Revolución Estadounidense. Se dio cuenta, además, de que había un nuevo miembro en su grupo: un perro. De hecho, se trataba de Lila, la fox terrier del general británico, y ella era la razón por la que la batalla se había detenido.

La batalla de Germantown fue una de las pocas que Washington y sus hombres perdieron pero también la que les dio la motivación para seguir luchando por liberar a la colonia americana del control británico. Durante la batalla, el comandante del Ejército Británico, el general Sir William Howe, llevaba perros con él y muchos otros generales, incluido George Washington, también llevaban a sus perros a las batallas.

Un día, el Ejército Continental intentó coger por sorpresa al Ejército Británico, pero había demasiada confusión y los hombres de Washington empezaron a dispararse unos a otros. Los británicos se dieron cuenta de lo que ocurría y defendieron su campamento con éxito, obligando al Ejército Continental a retirarse. En la confusión que siguió, Lila acabó en el campamento de Washington. Sin embargo, sabían que la perra pertenecía a Howe porque llevaba su nombre en el collar.

Los hombres de Washington vieron esto como una oportunidad para vengarse de los británicos por haber perdido la batalla y le dijeron a Washington que no devolviera a Lila, sugiriéndole que, en cambio, la utilizara para ganar ventaja contra Howe. A Washington no le gustaron esas ideas y se hizo cargo de Lila hasta que pudo devolverla. Por si eso no fuera suficientemente amable, pidió a su mano derecha y colega fundador de la patria, Alexander Hamilton, que escribiera una nota cortés a Howe. A continuación, Washington declaró un alto el fuego, que es cuando los soldados en batalla hacen una pausa en la lucha, para que uno de sus ayudantes llevara la perra y la nota al campamento británico bajo la bandera de tregua. La nota decía: "El general Washington saluda al general Howe, se complace en devolverle un perro que cayó accidentalmente en sus manos y que, por la inscripción del collar, parece pertenecer al general Howe".

Esto fue claramente un acto de bondad, sin importar las razones de Washington para hacerlo. Algunos historiadores sostienen que solo estaba siendo un caballero amable y que no estaba utilizando esta singular situación en su beneficio. Esto no es difícil de creer porque Washington realmente amaba a los perros y hay muchos historiadores que han escrito sobre sus propios perros y sobre cómo trataba a los perros de los otros generales en su campamento. Sin embargo, otro grupo de historiadores cree que, si bien fue amable por su parte devolver a Lila a Howe, lo hacía para espiar a los británicos y estudiar su campamento a través del ayudante que había enviado con la perra.

Sea cual sea el motivo, Lila se hizo conocida como la perra por la que George Washington pidió un alto el fuego para devolverla, sana y salva, a su dueño. El gobierno colonial elogió a Washington por este acto de bondad y le concedió una medalla. No sabemos con certeza qué pasó con Lila después de aquello, pero es muy probable que volviera a Inglaterra con Howe cuando el general dimitió, tras la batalla de Germantown.

El oso mascota de Lord Byron

El poeta y político británico George Gordon Byron, 6°
Barón Byron, también conocido como Lord Byron, para
abreviar, es conocido por muchas cosas: su conmovedor
romanticismo en la poesía, sus imaginativas obras de
teatro y su capacidad para exponer sólidos argumentos
políticos. ¡Ah! Y por su oso mascota.

Lord Byron ingresó en 1805 en el respetado Trinity College de Cambridge y enseguida tuvo problemas con las antiguas y retrógradas normas del colegio. Le molestaban especialmente las normas contra los perros. El Trinity College no permitía ni a los estudiantes ni al personal, tener perros de compañía en el campus y esto molestó tanto a Lord Byron que llevó un oso domesticado al colegio.

Cuando las autoridades intentaron decirle a Lord Byron que no podía tener un oso como mascota, éste señaló que el reglamento del colegio no nombraba específicamente a los osos como animales prohibidos. Por lo tanto, el colegio no podía prohibir legalmente su oso como mascota. Ganó la batalla y se le permitió tener el oso en el colegio. Llevó a su mascota a pasear por los terrenos de la universidad con una correa, como si estuviera paseando a un perro.

En una carta de 1807 a un amigo, Lord Byron escribió: "Tengo un nuevo amigo, el mejor del mundo, un oso domesticado. Cuando lo traje aquí, me preguntaron qué hacer con él y mi respuesta fue: 'Debería presentarse para obtener una beca'".

Tras graduarse en el Trinity College, Lord Byron se llevó a su oso mascota a su casa solariega, la abadía de Newstead, donde ya tenía un lobo domesticado que vagaba por los terrenos.

Este comportamiento no estaba fuera del carácter de Lord Byron porque le encantaba discutir y amaba tanto a los animales, que tuvo muchísimas mascotas a lo largo de su vida. Además de los populares animales domésticos, como perros y gatos, se dice que tenía un cocodrilo, monos, un tejón de la miel, un zorro, pavos reales y varias aves de rapiña. Según Lord Byron, su mascota favorita era un Terranova llamado Boatswain (pronunciado Bo-san). Quería tanto a este perro que cuando Boatswain contrajo la rabia, Lord Byron lo cuidó sin preocuparse por su propia seguridad. Cuando Boatswain murió, Lord Byron construyó un monumento en su honor y escribió para Boatswain uno de sus poemas más famosos, "Epitafio para un perro". También dijo que quería ser enterrado junto a su perro después de su muerte.

Perdidos en aguas abiertas

El mar puede ser un lugar divertido, sobre todo si no
se ha crecido en un pueblo o ciudad costera. Para la
mayoría de la gente, las vacaciones perfectas se pasan
con vista al mar, una relajante brisa marina y la sensación
de una cálida arena bajo los pies. Para los pescadores
o cualquier persona cuyo trabajo sea en el mar, no es
tan encantador. Cualquiera que haya pasado una noche
en alta mar, te dirá lo aterradora que es la inmensidad.
Es como estar en el desierto: frío, desnudo, peligroso y
sin ayuda a la vista en kilómetros. Para el pescador José
Salvador Alvarenga, la pesadilla duró 438 días.

El 17 de noviembre de 2012, Alvarenga y otro pescador,
Ezequiel Córdoba, salieron del pueblo pesquero de Costa
Azul, México, para pescar como lo hacían normalmente.
Este viaje de pesca no tenía nada de extraño, ya que los
dos hombres habían hecho este viaje cientos de veces
antes, aunque nunca habían trabajado juntos.

A poca distancia de la costa, una tormenta los golpeó y
desvió el rumbo de su barco. El motor de la embarcación
y la electrónica de a bordo resultaron dañados. La radio
aún funcionaba y, antes de que se apagara, Alvarenga
pudo comunicarse con su jefe para informarle que su
barco había sufrido daños. Su jefe no pudo ayudarlos. Los
hombres estuvieron atrapados en esta tormenta durante
los siguientes cinco días, a la deriva en el mar, sin saber
dónde estaban. Incluso, cuando la tormenta terminó, no
sabían cómo volver a casa. Y lo que es peor, la tormenta
había destruido sus aparejos de pesca y les había dejado
sin motor, velas ni remos. Estaban a la deriva en el
mar, rodeados de criaturas peligrosas y con muy pocas
provisiones para sobrevivir y protegerse.

Estuvieron a la deriva durante meses, comiendo animales
marinos como peces, pájaros y tortugas de mar y
bebiendo agua de lluvia, porque el agua del océano es
demasiado salada. El tiempo pasó
sin tierra ni ayuda a la vista, y, tras
cuatro meses, Córdoba dejó de
comer y murió de hambre. Había

438
DIAS

perdido toda esperanza de ser rescatado. Alvarenga siguió hablando con el cadáver de Córdoba durante seis días hasta que, finalmente, lo levantó y lo introdujo suavemente en el océano.

A pesar de que también quería rendirse, Alvarenga siguió adelante y se mantuvo vivo y ocupado, siguiendo el ritmo de las fases de la luna. Intentó hacer señales a todos los barcos que veía en la distancia, pero estaba demasiado lejos y las tripulaciones de esos barcos no podían verlo. En algún momento, empezó a alucinar y, hasta el día de hoy, no puede recordar si los grandes cargueros que intentaba señalar estaban realmente allí o no.

Alvarenga llegó a tierra el 29 de enero de 2014 y más tarde descubrió que estaba en las Islas Marshall. Había recorrido más de 6.700 millas de mar abierto en 438 días.

Recibió atención médica, atrajo un enorme interés de muchos medios de comunicación y entró, además, en los libros de récords mundiales por haber sobrevivido durante el mayor tiempo en el mar.

Aunque Alvarenga tenía mucho que agradecer, lo que más le hizo feliz fue saber que ya no tenía que comer pescado, si no quería. Me imagino que no comió pescado durante mucho tiempo después de eso.

UN hombre tuvo hipo
durante 68 años

El récord mundial Guinness del ataque de hipo más largo
lo tiene un hombre llamado Charles Osborne, de Iowa, en
los Estados Unidos de América. Nacido en Anthon, Iowa,
en 1893, Charles llevaba una vida normal hasta que
un accidente de trabajo cambió su vida a los 28 años.
Charles trabajaba en una carnicería y se cayó, mientras
intentaba colgar un cerdo de 350 libras para su sacrificio.
En ese momento, dijo que no tenía la sensación de
haberse lesionado o roto nada, pero unos años después,
un médico le dijo que su caída había reventado un vaso
sanguíneo. Esto causó daños en la parte del cerebro que
impide la respuesta de hipo. Charles empezó a tener

hipo casi inmediatamente después de la caída, y el hipo continuó durante los siguientes 68 años.

Al principio, Charles tenía hipo cuarenta veces por minuto y así continuó durante las primeras décadas. Con el tiempo, se cansó tanto del hipo que empezó a viajar por el mundo en busca de una cura. Con el paso del tiempo, Charles dejó de intentar encontrar una solución porque los costos eran demasiado elevados y tomó la decisión de llevar una vida lo más normal posible, con hipo. Aprendió a respirar con atención para acallar la mayor parte del ruido del hipo y consiguió reducirlo a veinte hipos por minuto. Cuando dormía, el hipo desaparecía.

Charles llevaba una vida normal, se casó dos veces y tuvo ocho hijos. Jugaba a las cartas con sus amigos y salía a pasear por la mañana, casi todos los días. En una ocasión, Charles cuenta que, mientras jugaba a las cartas, uno de sus amigos hizo un fuerte ruido detrás de él, con la esperanza de que se le fuera el hipo si se asustaba de verdad. Tenía razón en lo de asustarse de verdad, pero, por desgracia, el hipo no desapareció.

Mi abuelo me dijo una vez que la forma más rápida de quitar el hipo es preguntar a la persona con hipo: "¿Cuándo fue la última vez que viste un caballo blanco?".

Funciona siempre, ¡a no ser que hayan registrado cuarenta hipos en el último minuto!

En la última década de su vida, Charles ya no podía comer entre los hipos alimentos enteros y tenía que licuar toda su comida. Esa era la única forma en que podía comer sin succionarla y atragantarse con ella. Entonces, en febrero de 1990, tras 68 años de hipo constante y unos 430 millones de hipos, milagrosamente, dejó de tenerlo. Charles tenía entonces 96 años y vivió un año más. En total, sólo estuvo libre de hipo durante veintinueve años de su larga vida.

Mansa Musa, la persona más rica de la historia

¿Sabías que el hombre más rico de la historia del mundo era del continente africano y que tenía tanta riqueza que desordenó la economía de todo un país con su generosidad? No, no se llamaba T'Challa. Era el emperador del imperio africano occidental de Malí, Mansa Musa.

Mansa Musa nació en el seno de una familia extremadamente rica en 1280 y heredó el reino de Malí en 1312, cuando su hermano mayor, que debería haber sucedido a su padre, se fue en una expedición al otro lado del Océano Atlántico y nunca regresó a Malí. Los historiadores están de acuerdo en que no existe una medida moderna de las riquezas de Mansa Musa, excepto para decir que es muy difícil siquiera imaginar lo rico que era.

"Mansa" era en realidad el título que recibió Musa cuando fue coronado como emperador de Malí, y significaba "rey". En aquella época, Malí era uno de los imperios de la costa del oro de África Occidental que tenía enormes reservas de oro, junto con Ghana. El país también comerciaba con sal, plumas de avestruz y esclavos a través del desierto del Sáhara hasta el norte de África. Mansa Musa mantuvo abierta la ruta comercial a través del Sáhara y también ayudó a reforzar el comercio de Malí con otros imperios.

Tras muchos años de planificación, Mansa Musa inició su famosa peregrinación a la ciudad santa de La Meca, en 1324. Este viaje se sigue practicando hoy

en día y se conoce como el hajj. Sin embargo, el viaje de Mansa Musa no fue como uno que tú o yo podríamos hacer hoy en día, con mamá y papá y tal vez un amigo. No, ¡se llevó a unas 60.000 personas y muchos cientos de camellos!

Este hajj era muy importante para Mansa Musa porque era su forma de entablar amistad con los demás gobernantes que también practicaban el Islam. Por el camino, se detuvo en El Cairo, en Egipto, donde regaló algunas de las enormes cantidades de oro que había traído consigo. De hecho, regaló tanto oro que su generosidad devaluó el oro en Egipto durante años. Devaluado significa que había tanto oro que cualquiera podía tenerlo, lo que disminuyó su valor y su cotización, pues ya no era tan raro. Los egipcios tardaron al menos doce años en recuperarse del daño que esto causó a su mercado de oro y a su economía.

Tras regresar de su peregrinaje, Mansa Musa comenzó a revitalizar las ciudades de Malí, empezando por Tombuctú. El reino natal de Mansa Musa, Malí, no sólo era famoso por ser uno de los mayores y más ricos imperios de la historia, sino que también albergaba algunas de las bibliotecas más antiguas del mundo, situadas en la ciudad de Tombuctú. Algunas de ellas siguen allí hasta el día de hoy. El Imperio de Malí también cuenta con una de las primeras universidades del mundo, la de Sankoré (Universidad de Tombuctú), donde los eruditos malienses estudiaban mucho antes de que las universidades fueran comunes en Europa. La universidad prosperó bajo el mandato de Mansa Musa, que creó sus colecciones de bibliotecas y contrató a los eruditos que la convirtieron en un centro universitario y de aprendizaje de primer orden. Mansa Musa murió en 1337, después de haber sido emperador durante 25 años, y le sucedió su hijo, Maghan I.

Las siestas salvan vidas

Es muy importante dormir bien todas las noches. De
hecho, los niños necesitan entre nueve y doce horas de
sueño cada noche, para estar frescos y tener suficiente
energía para pasar el día. Si no duermen lo suficiente
durante muchas noches, empiezan a despertarse aturdidos
y cansados cada día y esto no es divertido. No podrás

jugar con tus amigos y tampoco podrás hacer cosas sencillas como prestar atención y escuchar cuando la gente te habla.

Esto también les ocurre a los adultos pero, cuando no duermen lo suficiente o duermen en el trabajo, pueden ocurrir desastres.

El 28 de enero de 1986, en Cabo Cañaveral (Florida), una nave espacial llamada Challenger se dirigía a una misión espacial muy importante, pero se desmoronó apenas 73 segundos después de despegar para ir al espacio. Los siete miembros de la tripulación que iban dentro del Challenger murieron y los trozos de la nave cayeron al Océano Atlántico. Los equipos de mecánicos y personal que trabajaban en la nave espacial habían trabajado día y noche para asegurarse de que la misión pudiera seguir adelante. A veces, estaban en el trabajo desde el principio hasta el final del día, sin tomar descansos para comer o, incluso, hablar con sus amigos. Hacían un trabajo muy importante y, simplemente, no tenían tiempo para perderlo en otras cosas. Tampoco podían corregir los errores a tiempo, porque trabajaban muy rápido.

Irónicamente, el hecho de que a los trabajadores se les diera demasiado trabajo en muy poco tiempo, porque la NASA quería lanzar muchas misiones en un breve lapso, fue una de las muchas razones de este accidente. La codicia y la falta de sueño también fueron motivos de la tragedia.

Otro gran accidente que podría haberse evitado con una buena noche de sueño, fue el vertido de petróleo del Exxon Valdez, el peor desastre medioambiental de la historia.

El 24 de marzo de 1989, un petrolero que se dirigía a Long Beach, California, se estrelló contra el arrecife Bligh, cerca de la costa de Prince William Sound, en Alaska. El barco derramó 11 millones de galones (42 millones de litros) de petróleo en el océano. Se suponía que el capitán Joseph Hazelwood iba a dirigir este viaje, pero la noche anterior se había tomado unas copas y decidió dejar que su tercer oficial, Gregory Cousins, se encargara del barco. Cousins sólo había dormido seis horas en los dos últimos días y estaba tan cansado que chocó contra un arrecife, aunque sabían que estaba allí, ya que habían hecho ese mismo viaje cientos de veces. El barco pidió ayuda, pero esta no pudo llegar lo suficientemente rápido. Por suerte, no murió nadie. Lamentablemente, se produjeron daños irreparables en los animales y plantas de ese sector del océano.

Hay una historia más que contar sobre lo importante que es dormir bien. El 1 de junio de 1999, en el aeropuerto nacional de Little Rock, un avión de American Airline, el vuelo 1420, transportaba a 145 personas desde el aeropuerto internacional de Dallas/Fort Worth al aeropuerto nacional de Little Rock. Se salió de la pista cuando estaba aterrizando y se estrelló contra un edificio en el que había otros pasajeros esperando sus vuelos. En este accidente murieron el capitán del vuelo y diez pasajeros y resultaron heridas unas cien personas. Tras el accidente, la Junta Nacional de Seguridad en el Transporte investigó lo que salió mal e informó de que el piloto y su copiloto habían estado fatigados, lo que fue una de las causas del accidente. Después de estar despiertos durante más de trece horas, los pilotos cometen más errores.

Así que ponte cómodo, acurrúcate en tu cama y duerme un poco, todo lo que puedas, porque querrás estar bien despierto para no perderte nada.

Operación: Acoustic kitty

Los años sesenta fueron un periodo de recuperación para todo el mundo pero, especialmente, para los países que habían sufrido grandes pérdidas durante la Segunda Guerra Mundial. En esa época, se crearon países que no existían antes de la guerra y otros, que solían ser un gran país, se dividieron en países más pequeños. Estos

cambios hicieron que ya no fuera tan evidente para cada país quién era su amigo y quién su enemigo. Los Estados Unidos de América salieron adelante de la mayoría de las naciones, porque fue el único país que no fue destruido físicamente por la guerra, ya que ninguno de los combates se produjo dentro de sus fronteras.

Durante la década de 1960 también se enmarca el periodo denominado Guerra Fría, en el que Estados Unidos y la Unión Soviética trataban constantemente de ser más listos que el otro. La Agencia Central de Inteligencia de los Estados Unidos (CIA) trabajó en muchos experimentos para obtener el mayor conocimiento posible sobre los servicios secretos extranjeros, para prepararse mejor para posibles ataques y poder también atacar a esos países extranjeros. Estos experimentos iban desde la construcción de bombas y el entrenamiento de agentes para desarmarlas, hasta la experimentación con el comportamiento humano y la forma de obtener el control de la mente de las personas.

La CIA y las agencias de inteligencia de otros países habían intentado utilizar animales como espías antes, porque suponían que sus enemigos y objetivos no sospecharían de los animales. También tenían algunos estudios de la Segunda Guerra Mundial que mostraban cómo algunos países, como Rusia y Gran Bretaña, habían utilizado animales en sus combates y algunos de

los diseños eran buenas ideas, solo que mal utilizadas.
Así que tenían un punto de partida para crear animales
inteligentes para la guerra.

La "Operación Acoustic Kitty" se creó para diseñar y
construir un gato que pudiera espiar a funcionarios
extranjeros sin que ellos lo supieran, de modo que Estados
Unidos pudiera descubrir sus secretos y planes. El gato
debía ser un super gato con los elementos de un gato real
más algo de tecnología, como un gato cíborg. Tenía que
ser capaz de grabar y transmitir conversaciones, tomar
videos y fotos y ser capaz de captar la recepción y la
ubicación de su objetivo, todo ello con el aspecto de un
gato real y normal.

Los científicos de la CIA pasaron cinco años planificando
y experimentando diferentes formas de utilizar gatos reales
para conseguir toda la tecnología que necesitaban y fue
un proceso largo y cruel. Los científicos abrían al gato
en diferentes lugares, colocaban las baterías y todos los
dispositivos de transmisión en su interior y luego cosían
las heridas. También tenían que esperar a que el gato
se curara para evitar que tuviera cicatrices sospechosas.
Después, entrenaban al gato para que hiciera
determinadas cosas cuando se le daban instrucciones.

Finalmente, pensaron que habían resuelto todos los
problemas y enviaron el primer gato cíborg vivo. Fue

enviado a espiar a dos hombres sentados en un banco de un parque, pero el gato salió a una calle cercana al parque, donde fue atropellado por un taxi y murió. Así que este proyecto, que había costado más de 20 millones de dólares y que había atravesado muchas versiones, fracasó. Todo porque, por muy inteligente que sea un gato, siempre hace lo que quiere.

¿Piñas = Riqueza?

Si las piñas tuvieran el mismo valor hoy que en el siglo XVIII, una piña costaría unos 8.000 dólares.

A menudo oímos hablar de lo barato que era el oro hace cien años en comparación con la actualidad y de cómo el abuelo podía comprar un sabroso almuerzo y una merienda, por sólo un dólar. Cuando se descubre algo como el oro o se crea nueva moneda, es porque hay una gran necesidad de ello. Tomemos como ejemplo el oro. Cuando se descubren nuevos yacimientos de oro, mucha gente quiere oro y la mayoría de las personas que viven cerca de donde se encontró podrán conseguirlo porque hay mucho. Entonces, algunas personas de lugares más lejanos se enterarán del descubrimiento y empezarán a viajar al lugar del hallazgo para conseguir también algo de oro para ellos. Dependiendo del tamaño de la zona de los depósitos de oro, pueden pasar muchos años de aumento de las excavaciones, antes de que el oro empiece a agotarse, o empiece a estar cada vez más profundo en el suelo. Así es como se construyeron muchas minas en todo el mundo. En lugar de personas individuales, las empresas también se enteran del oro que se encuentra en una zona y van allí, a establecer grandes minas.

Cuando todo el oro de la superficie desaparezca, la única manera de encontrar más será utilizando máquinas pesadas y caras. Entonces, toda la gente que quiera oro tendrá que comprárselo a la mina y los dueños de la mina empezarán a subir los precios. Pronto, el oro será realmente caro y difícil de comprar y, de alguna manera, esto hace que sea aún más buscado. El oro ha ganado valor.

Entonces, ¿cómo pierden valor las cosas?

Pues bien, ocurre lo contrario. Alguien descubre cómo hacer que algo que antes se encontraba en pequeñas cantidades, sea fácil de encontrar o fabricar. A veces, esto puede ser incluso causado por la naturaleza. Cuando el clima cambia después de muchos años, algunas plantas pueden empezar a crecer donde antes no crecían o plantas que antes sólo crecían en verano, pueden empezar a crecer todo el año. Esto es una prueba de un largo proceso llamado cambio climático. Esto y la ciencia nos dan los conocimientos para cultivar frutas tropicales como el plátano y la piña en lugares donde no se encontraban originalmente.

Cuando Cristóbal Colón llegó a la isla caribeña de Guadalupe en 1493, quedó fascinado por una misteriosa fruta espinosa y dulce que había llegado allí desde Sudamérica. Colón se llevó algunas piñas a España y a la gente de allí, también le gustó la fruta dulce.

Intentaron cultivarlas, pero las piñas son una fruta tropical, lo que significa que sólo pueden crecer de forma natural en un lugar que sea cálido durante todo el año y Europa no lo es. Así que la única forma en que los españoles podían conseguir piñas era yendo a las islas del Caribe, un viaje largo y peligroso a través del Océano Atlántico.

A la realeza y a los artistas españoles les gustaban mucho las piñas y estas llegaron a Inglaterra en el siglo XVIII. Como ya habían oído lo difícil que era conseguir esta misteriosa fruta, los ingleses vieron inmediatamente las piñas como un signo de riqueza. A los menos ricos les gustaban tanto, que a veces incluso alquilaban una piña, si no podían pagarla, y la mostraban en sus fiestas.

Las patatas pueden crecer en el espacio

La comida es tan importante que, incluso, podemos olvidarnos de pensar en ella. Comer es muy parecido a respirar; todo el mundo lo hace y todos tenemos que comer para mantenernos sanos y vivos.

Hay muchos tipos de dietas y estilos de alimentación, como la vegetariana y la pescatariana. ¿Sabes lo que significa "pescatariano"? La mayoría de los alimentos que comemos provienen de plantas y animales, pero hay personas que no comen carne ni productos animales en absoluto. Así que para ellos no hay *nuggets* de pollo. Sin embargo, todo el mundo come plantas y se ha demostrado que se puede vivir una vida muy larga y saludable, comiendo sólo plantas/verduras. Ningún otro grupo de alimentos puede decir lo mismo. ¿Te imaginas comer sólo pan? Oh, ¡un momento!, el pan está hecho de trigo, una planta.

Las plantas necesitan la gravedad para saber dónde está el suelo, de modo que puedan enviar sus raíces allí, para obtener nutrientes del suelo y agua. También utilizan la gravedad para enviar sus brotes hacia arriba, de modo

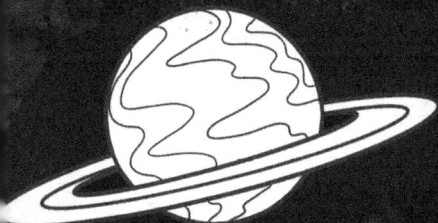

que puedan recibir suficiente luz para realizar la fotosíntesis. Como en el espacio no hay gravedad, los científicos tienen que averiguar cómo ayudar a las plantas a crecer sinesta. Utilizan lo que se llama "tecnologías de ambiente controlado", para crear las mismas condiciones en las que una planta crecería normalmente. Esto hace creer a la planta que tiene todo lo que necesita para

crecer y, así, las plantas se adaptan y utilizan otras cosas para crecer, tal como la luz, si no pueden percibir la gravedad en su entorno.

Ag-Tec International, Ltd., una empresa estadounidense de desarrollo de tecnología agrícola, trabajó con el Centro de Automatización y Robótica Espacial de Wisconsin, financiado por la NASA. Juntos desarrollaron la tecnología que permitiría a los astronautas cultivar alimentos en el espacio exterior. Utilizaron una técnica agrícola desarrollada originalmente en China, para crear un entorno que fuera bueno para el crecimiento de las plantas. Una vez que modificaron el entorno para favorecer el crecimiento, les llegó el momento de plantar. Los científicos optaron por plantar patatas porque son un alimento básico sostenible, que sacia y es usado en muchas dietas, ¡y que además sabe bien!

Las semillas se colocaron dentro de tubos que utilizaban tecnología y ordenadores para cultivar las plantas. La iluminación dentro de estos tubos era casi la misma que la luz solar natural y se podía controlar la temperatura y el agua para que crearan el mejor entorno para cultivar patatas. Las patatas tardaban entre cuarenta y cincuenta días en estar completamente desarrolladas y listas para comer. Los tubos especiales también se hicieron para ser utilizados en el interior, por lo que se podía cultivar patatas durante todo el año y en cualquier lugar, sin importar el tiempo que hiciera en el exterior. Si se pueden cultivar patatas en el espacio, también se pueden cultivar en el desierto, en la Antártida o en cualquier otro lugar.

Esta tecnología resuelve algunos problemas básicos a los que se enfrentan los agricultores, como los cambios meteorológicos imprevisibles, que pueden causar sequías e inundaciones, así como las bacterias y plagas que pueden matar las plantas y los bajos rendimientos porque las plantas tardan demasiado en crecer. Con esta tecnología, ya no hay que esperar a que sea verano para que las plantas crezcan. También resuelve el problema de las cosechas pequeñas porque no hay suficiente espacio ni maquinaria para cultivar muchas plantas al mismo tiempo y porque la tierra necesita tiempo para descansar.

Los tubos utilizados para cultivar patatas en el espacio podrían llegar a producir millones de mini tubérculos al año. Y, lo que es más importante, podrían producir patatas sanas y sabrosas. Desde entonces, el cultivo de alimentos para que los astronautas los coman se ha hecho más popular, y ahora los científicos pueden cultivar todo tipo de lechugas, col rizada e, incluso, hermosas flores.

Reina del barril

Se podría pensar que algo tan extremo como ser el primero en lanzarse hacia abajo por las cataratas del Niágara, lo haría una persona joven recién salida de la escuela secundaria y que busca viajar por el mundo, antes de comprometerse a ser definitivamente un adulto. Incluso, podría haber sido un accidente y la persona ser muy afortunada por haber sobrevivido. Sin embargo, la primera persona que descendió por las cataratas del Niágara a propósito fue una maestra de 63 años, llamada Annie Edson Taylor. ¿Su motivo? Pues que necesitaba la fama para conseguir algo de dinero.

El marido de Annie Taylor murió en la Guerra Civil estadounidense de 1861 y, después de eso, ella se trasladó a una serie de lugares antes de establecerse en Michigan, en 1898. Debido a los daños causados por la guerra, Annie tenía problemas económicos y necesitaba idear una forma de conseguir dinero rápidamente. Pensó que lanzarse por las cataratas del Niágara era el plan perfecto y que la fama de esta hazaña le reportaría un dinero muy necesario, ya que eso nunca se había hecho antes. Este no fue el primer intento de lanzarse por las cataratas del Niágara. Un intento famoso del que Taylor habría oído hablar fue el de un hombre llamado Sam Patch, que intentó lanzarse por encima de las cataratas

Horseshoe del río Niágara en octubre de 1829. Patch sobrevivió al salto y aterrizó en el lado canadiense de la frontera entre Estados Unidos y Canadá.

Taylor hizo que el barril en el que iba a caer por las cataratas fuera lo más cómodo posible y estaba convencida de que sobreviviría al salto. El barril era de roble blanco y estaba sujeto por anillos de hierro. Pesaba 160 libras y tenía algo más de un metro de ancho. También tenía un colchón como acolchado, un yunque en la base para mantenerlo lo más estable posible y un arnés de cuero para mantenerse atada y no rebotar demasiado.

Taylor probó el barril metiendo a su gato en él y empujándolo por las cataratas dos días antes de que ella misma se arrojara. El gato sobrevivió a la caída y sólo sufrió unos pequeños cortes y magulladuras. Esto demostró la seguridad y la eficacia del barril y Taylor estaba dispuesta a seguir adelante, a pesar de que su equipo y sus ayudantes se mostraban escépticos. A muchos, incluso, se les amenazó legalmente y se les dijo que, si veían el salto y Taylor moría, serían acusados de ayudar a un suicida.

El gran día del 24 de octubre de 1901 llegó y Taylor se ató el arnés de cuero. Tras muchos retrasos y fuertes advertencias contra su misión, se lanzó al agua justo después de las cuatro de la tarde. Una pequeña embarcación la remolcó hasta el centro de las cataratas del Niágara y luego le cortó el cordel al barril cuando se acercaba al borde. El agua la empujó inmediatamente de un lado a otro y, finalmente, llegó al borde de las cataratas Horseshoe, donde fue arrastrada por el agua y se precipitó por las cataratas. Desde la cima hasta el fondo de las cataratas, pasaron unos veinte minutos y Taylor llegó al fondo un poco maltrecha, pero vivió para contarlo.

Los resultados no fueron exactamente los que Taylor esperaba. Su mánager huyó con su barril, que se suponía que era el accesorio que utilizaría para hacerse rica y famosa. Sin la única prueba física de que el salto se había producido, Taylor no pudo ganar el dinero que quería obtener de su caída casi mortal sobre las cataratas del Niágara. Dio algunas charlas pero, sin el barril, no atrajo a tanta gente. El poco dinero que ganó Taylor se destinó a pagar a investigadores privados para que intentaran encontrar el barril robado que, al parecer, nunca se encontró.

Aunque Taylor no consiguió lo que quería, sus acciones animaron a más personas a intentar lanzarse por las cataratas del Niágara. Se convirtió en un acto tan popular que ahora se ha declarado ilegal tanto en los Estados Unidos como en Canadá.

Rusia vende Alaska a dos céntimos el acre

En un día claro y desde un punto lo suficientemente alto, se puede ver Rusia desde Alaska. Lo genial es que Alaska pertenecía a Rusia. En el mapa, Alaska parece formar parte de Canadá, porque limita con la provincia canadiense de Columbia Británica y con uno de los tres territorios de Canadá, el Yukón. Sin embargo, el estado de Alaska es en realidad uno de los cincuenta Estados Unidos de América (EEUU).

Desde aproximadamente 1733 hasta 1867, Rusia controló la mayor parte de lo que hoy conocemos como Alaska. En aquel entonces, se la llamaba la América rusa. El gobierno ruso vendió la tierra cuando se dio cuenta de que no podría defenderse de una invasión de Gran Bretaña, si esta la atacaba Alaska. En ese momento, Rusia tenía una vieja pelea con Gran Bretaña y, cuando los Estados Unidos compraron Alaska, también heredaron esta pelea con Gran Bretaña. La razón por la que Rusia vendió Alaska a los Estados Unidos y no a Canadá, aunque hubiera tenido más sentido geográficamente, es porque en ese momento Canadá estaba controlado por Gran Bretaña. Esto también explica el temor de Rusia a una invasión por parte de Gran Bretaña, ya que podía llegar a través del Mar de Bering o por las fronteras canadienses.

En 1867, el Secretario de Estado, William Seward, y el Ministro de Rusia en Estados Unidos, Edouard de Stoeckl, firmaron el Tratado de Cesación de Alaska. Este tratado significaba que Rusia renunciaba a su propiedad y control sobre Alaska y la vendía a los Estados Unidos.

Desde 1867 hasta aproximadamente 1884, esta zona fue conocida oficialmente como el Departamento de Alaska. Es importante saber que, durante todo este tiempo, mientras Alaska cambiaba de manos entre Europa y América, su pueblo nativo, llamado Aleut, seguía viviendo allí. Llamaban a su tierra Alaxsxaq o Alyeska, que significa "tierra firme", porque limita con el océano Ártico al norte, el océano Pacífico al sur y el estrecho y el mar de Bering al oeste.

A finales de la década de 1880, Alaska pasó de llamarse Distrito de Alaska a Territorio de Alaska durante la mayor parte de las décadas de los 1900s, ya que su importancia y lugar en la historia estadounidense cambiaron. Luego, en 1959, Estados Unidos declaró a Alaska estado, convirtiéndola en el 49° estado. Se convirtió en el estado más grande, en superficie, de los Estados Unidos. De hecho, su superficie es tan grande que el estado de Pensilvania podría caber en él catorce veces.

Estados Unidos se hizo muy rico cuando se descubrió oro en Alaska en la década de 1890. Es difícil saber si Seward sabía del oro antes de comprar la tierra para Estados Unidos. Tampoco podemos decir si Alaska se convirtió en un estado oficial porque el gobierno de los Estados Unidos conocía la presencia y el descubrimiento final de petróleo, en 1968, en la Bahía de Prudhoe. Este descubrimiento condujo finalmente a la instalación del oleoducto Trans-Alaska, que se completó en 1977 y provocó un boom petrolero en la zona. En cualquier caso, la compra de Alaska fue una decisión política y económicamente acertada por parte de Seward; una decisión que sigue beneficiando a los Estados Unidos hasta el día de hoy.

Di "¡Whisky!". Y ahora, aguanta ocho horas

Imagínate tener que sentarte y mantener una sonrisa durante ocho horas, sólo para una foto en el día de la escuela. Pues, eso es exactamente lo que habría ocurrido si hubieras ido a la escuela en la década de 1820. La primera imagen de una cámara tardaba ocho horas en capturarse y unos días en revelarse e, incluso entonces, la calidad no era tan buena. No fue hasta 1839 cuando se introdujo una versión anterior a la cámara que utilizamos hoy en día, con la cual las imágenes se podían revelar en minutos y producían imágenes claras y detalladas.

Hoy en día podemos hacer fotos con cámaras Polaroid instantáneas y obtenerlas inmediatamente y también podemos hacer fotos de muy alta calidad con teléfonos y otros dispositivos como tabletas y iPads. Sin embargo, la fotografía no siempre fue tan rápida y fácil.

Antes de que se inventaran las cámaras, se utilizaba una caja con un agujero que permitía que la luz diera en un espejo colocado dentro. Esto se llamaba cámara oscura. La imagen de cualquier objeto que se colocara delante del agujero de luz se captaba dentro de la caja, pero esta imagen sólo estaba ahí mientras había luz y desaparecía cuando la luz desaparecía. La cámara oscura fue un importante invento que nos dio una idea de cómo funciona realmente la luz para reproducir imágenes.

Este fue el nacimiento de la fotografía.

La palabra "fotografía" proviene de dos palabras griegas: fos (luz) y grafo (escribir). Una vez que comprendieron que la fotografía era básicamente escribir con la luz, los científicos Joseph Niepce y Louis Daguerre empezaron a trabajar en la forma de tomar fotografías para que no desaparecieran cuando la luz lo hiciera. Joseph Niepce tomó la fotografía más antigua del mundo en 1826, cuando puso su cámara en el alféizar de la ventana para registrar la vista del exterior de su casa. La imagen tardó ocho horas en formarse y era borrosa, pero todavía existe.

Louis Daguerre también experimentó con la fotografía en la misma época e hizo que esta fuera más accesible. Daguerre ideó una técnica para capturar fotografías llamada daguerrotipos, y solo tardaban unos veinte minutos en ser capturados. No hace falta decir que esto era mucho más corto que las ocho horas de Niepce para tomar una sola fotografía.

El principal reto era conseguir que las imágenes no se desvanecieran y, a lo largo de los años, muchos científicos intentaron solucionarlo utilizando diferentes productos químicos, papel, metales y otras superficies. Finalmente, George Eastman inventó la película fotográfica en 1880, comenzando con la película de papel y luego, con la de celuloide. Eastman es famoso por haber inventado la primera pequeña cámara de caja manual a la que llamó "Kodak". Sí, esa Kodak. La primera cámara Kodak se vendió en 1888. Las cámaras eran lo suficientemente pequeñas como para llevarlas a todas partes y contenían un rollo de película decien exposiciones que utilizaba negativos de papel. Cuando se quería revelar e imprimir las fotos o, incluso, recargar la película, ¡había que enviar toda la cámara al fabricante! Aunque hoy en día las cámaras son más avanzadas y mucho más rápidas, seguimos utilizando muchas de las ideas y técnicas originales de la primera fotografía.

La próxima vez que te tomes una selfie, mantén la pose durante todo el tiempo que puedas para ver si habrías sido capaz de quedarte inmóvil con la misma sonrisa durante todo el tiempo que hubieras tenido que hacerlo en el siglo XIX. No te muevas. El más mínimo movimiento habría dado lugar a una imagen borrosa y de peor calidad. Lo mejor sería no parpadear y respirar muy suavemente durante todo el tiempo.

Sir Isaac Newton y la manzana

¿Te has preguntado alguna vez por qué las cosas del mundo funcionan como lo hacen? La última vez que alguien se preguntó por qué las manzanas siempre caen directamente al suelo y no hacia arriba o hacia los lados, hizo un importante descubrimiento científico: la gravedad.

La ley de la gravitación universal de Sir Isaac Newton fue el principio básico que inspiró sus tres leyes del movimiento. En la época de Newton, muchos de los grandes descubrimientos científicos se hacían por observación y no siempre por experimentación. Los científicos hacían descubrimientos simplemente en su vida cotidiana y muchas de las leyes de la física se descubrieron de esta manera. No sabemos si Sir Isaac Newton estaba sentado bajo el árbol del que cayó la manzana o si la manzana le tocó la cabeza, pero debió de ser muy divertido si la manzana cayó efectivamente sobre su cabeza.

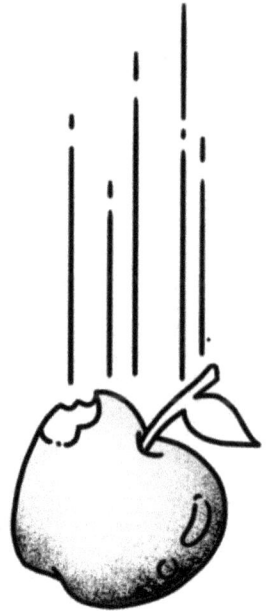

Es importante recordar que, aunque Sir Isaac Newton hizo su importante descubrimiento por "accidente", estaba más que calificado para hacer su observación sobre la gravedad y, por eso, la gente le creyó cuando les habló del principio y de cómo lo había descubierto.

Sir Isaac Newton comenzó su formación en la Universidad de Cambridge en 1661, donde estudió Derecho. Sus estudios fueron interrumpidos por un brote de peste bubónica ya que la Universidad

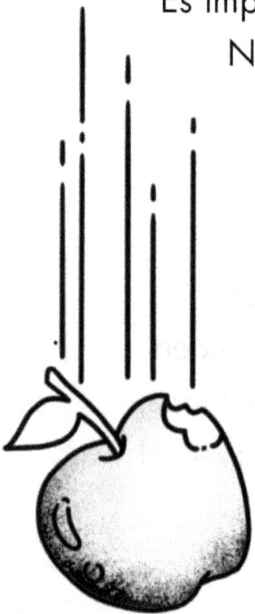

de Cambridge cerró temporalmente a causa de esta enfermedad altamente contagiosa. Durante este tiempo, Sir Isaac Newton regresó a la casa de su infancia y comenzó a desarrollar sus propias ideas sobre física, matemáticas, astronomía y óptica. También fue durante su ausencia de la universidad que realizó los descubrimientos que le convertirían en uno de los científicos más respetados de la historia.

Sir Isaac Newton hizo muchos otros descubrimientos e inventos importantes a lo largo de su vida. Inventó el telescopio reflector y creó una genial teoría del color que hoy en día todavía utilizamos. También ideó el primer cálculo de la velocidad del sonido. Entre sus logros como matemático, figura también la invención del cálculo, aunque no lo publicó inmediatamente. Además, contribuyó al estudio de las series de potencias y de muchas otras funciones de las matemáticas.

Sir Isaac Newton, físico y matemático muy respetado, murió en 1727, a la edad de 84 años, y fue enterrado en la Abadía de Westminster. El famoso manzano que dio al mundo sus leyes más importantes sobre el movimiento sigue creciendo en el huerto de su padre en Woolsthorpe Manor.

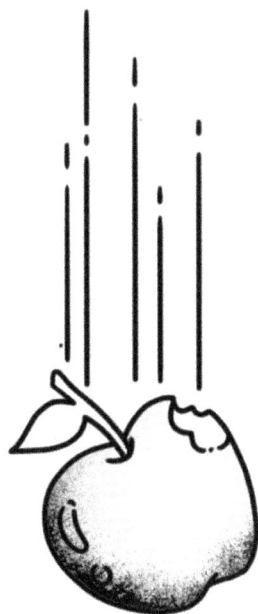

Hora de la merienda = Hora de la guerra

La Primera Guerra Mundial fue una de las épocas más espeluznantes de la historia de la humanidad y dio comienzo a una serie de acontecimientos que no pudieron detenerse y que condujeron a otra catástrofe: la Segunda Guerra Mundial. Hasta que el Archiduque de Austria fue asesinado el 28 de junio de 1914, la mayor parte de Europa tenía alguna esperanza de que las cosas mejoraran y nadie podía imaginar lo que podría ocurrir si el mundo entero entraba en guerra.

Más inimaginable aún, era la idea de que un sándwich fuera el principio de todo el caos.

El asesinato del archiduque Francisco Fernando dejó débil al Imperio austro-húngaro. Esto abrió una oportunidad para que los bosnios y serbios, que estaban bajo el dominio del monarca austríaco, intentaran liberarse de su dominio. Un grupo de hombres llamado la Banda de la Mano Negra se puso al frente de esto. La banda en sí no tenía líderes, pero su miembro más notorio era un hombre llamado Gavrilo Princip. De hecho, Princip fue la persona que, finalmente, consiguió matar al archiduque Fernando y a su esposa.

Para intentar recuperar el control y demostrar que aún era poderoso, el Archiduque decidió visitar la capital de Bosnia, Sarajevo, el 28 de junio de 1914. Le habían advertido que había bosnios que no lo querían como gobernante, pero fue a pesar de los fuertes consejos de que no lo hiciera. El archiduque Fernando llegó a la estación de tren y fue conducido al Ayuntamiento, donde debía pronunciar un discurso y ser recibido en Sarajevo.

Los miembros de la Banda de la Mano Negra se situaron a lo largo del camino que debía seguir el Archiduque, con instrucciones de asesinar al Archiduque y luego tomar una cápsula de cianuro. El primer hombre, un tal Nedjelko Cabrinovic, recibió instrucciones de lanzar una granada contra el coche del Archiduque, pero la granada rebotó en el coche y no murió nadie. Se tragó la cápsula y se tiró al río, pero no murió y fue detenido. Después de esto, los demás miembros de la banda se asustaron y huyeron.

El Archiduque siguió adelante con el resto del viaje y llegó al Ayuntamiento, donde se quejó de que había sido maltratado. Tras los discursos, se dirigió al hospital para visitar a los heridos por la explosión de la granada. Sus asesores decidieron tomar una ruta diferente, pero no informaron al chófer del Archiduque de este cambio de plan y éste siguió la ruta prevista que pasaba por el centro de la ciudad.

El destino quiso que Gavrilo Princip estuviera en la misma calle por la que circulaban, comprando un bocadillo. Se dio cuenta de la oportunidad que tenía y, desde un metro y medio de distancia, disparó al coche. Disparó al Archiduque en el cuello y a su esposa en el vientre. Después, tomó su píldora de cianuro, pero esta había caducado, por lo que intentó dispararse a sí mismo pero, no fue lo suficientemente rápido y también fue detenido.

Sin más, un bocadillo había puesto en marcha la primera de las peores guerras de la historia del mundo moderno y que presagiaba otra guerra de la que tardó décadas en recuperarse.

El Triángulo de las Bermudas: "Basta ya"

La sola idea de que barcos y aviones desaparezcan en el aire es extravagante, pero hay grados de locura y algunas historias sobre el Triángulo de las Bermudas son menos creíbles que otras. La historia más famosa y, quizás, la razón por la que el misterio en torno al Triángulo de las Bermudas se ha mantenido vivo, fue la desaparición del Vuelo 19. Cinco aviones con catorce militares de la Marina de los Estados Unidos estaban entrenando frente a la costa de Florida el 5 de diciembre de 1945. Después de que la sala de control perdiera el contacto con el jefe de la tripulación del Vuelo 19, la Marina envió un avión Martin Mariner para buscar el avión desaparecido pero ese avión y los hombres que formaban parte de su tripulación también desaparecieron.

Se dice que el Triángulo de las Bermudas tiene entre 500.000 millas cuadradas y 1,5 millones de millas cuadradas de mar en el Océano Atlántico. Comienza en la costa sureste de los Estados Unidos de América, donde se encuentra Florida, llega hasta la isla de las Bermudas en una esquina y termina en Puerto Rico en la

otra, formando un triángulo. En el interior del Triángulo de las Bermudas han desaparecido aviones y barcos de diferentes tamaños. Es muy difícil explicar la causa de estas desapariciones, porque no hay una sección específica del Triángulo donde las cosas comienzan a desaparecer. Esto también significa que los científicos no pueden probar dónde comienza la zona de desaparición, porque puede estar prácticamente en cualquier lugar, en cualquier momento.

El Triángulo de las Bermudas es también una concurrida ruta marítima que conecta Norteamérica, el Caribe y Europa, con buques que la cruzan a diario. Más de 1.200 barcos y más de 320 aviones han desaparecido dentro de sus "fronteras" desde 1930. No hay una explicación real de por qué algunos barcos y aviones desaparecen y otros no y tampoco ayuda que en muchas de estas desapariciones no se hayan encontrado restos. Realmente, parece como si estos barcos y aviones simplemente se desvanecieran y, debido a que los mares están tan poco estudiados, simplemente no sabemos lo que ha sucedido y está sucediendo.

Se han formulado muchas hipótesis, utilizando las leyes de la física, los registros históricos y las investigaciones en curso de buceadores de todo el mundo, todos ellos tratando de entender lo que ocurre en el Triángulo de las Bermudas.

Muchos de los pilotos que volaban los aviones desaparecidos no enviaron señales de socorro a los oficiales de control que se comunicaban con ellos. Esto significa que no vieron nada inusual o lo suficientemente inseguro, como para hacer saber a los oficiales de control que estaban en problemas. Y, lo que es más importante, los pilotos estaban altamente entrenados y capacitados y no habrían cometido los pequeños errores que podrían haber provocado accidentes. Además, los equipos de rescate nunca encontraron restos del avión ni personas desaparecidas.

El caso del Vuelo 19 es más interesante que la mayoría, porque el instructor de vuelo, el teniente Charles Carroll Taylor, sí comunicó que estaba perdido y se cree que llevó a la tripulación al mar por error hasta que se quedaron sin combustible y se estrellaron. Esto fue extraño, porque él había hecho exactamente el mismo vuelo en condiciones similares muchas veces antes y tenía un muy buen conocimiento del océano alrededor de Florida. Se inició una de las mayores búsquedas marítimas de la historia, pero nunca se encontraron los restos del vuelo 19. Años más tarde, se demostró que el teniente Charles era inocente y se concluyó que la tragedia del Vuelo 19 fue el resultado de una causa "desconocida".

Algunas personas creen que los espíritus, los fantasmas o las criaturas marinas gigantes causaron estas desapariciones. ¿Qué opinas tú? ¿Podría ser una explicación perfectamente normal de la física de la que aún no hemos encontrado la ecuación para resolver? O, tal vez, haya un gigantesco agujero vacío en el mar que aún no hemos identificado. ¿Tal vez podrías ser tú el científico que lo encuentre y resuelva por fin el misterio del Triángulo de las Bermudas? Hasta entonces, ¡el mundo nunca lo sabrá!

La iNuNdaCióN de melaza eN BostoN

Cuando piensas en inundaciones, apuesto a que nunca imaginas que pueda haber melaza fluyendo por las calles. Lamentablemente, eso es exactamente lo que ocurrió el 15 de enero de 1919 en Boston, Massachusetts. Un tanque de almacenamiento que contenía 2,3 millones de galones (87 millones de litros) de melaza estalló y la melaza inundó las calles a velocidades de 35 millas por hora (56 kilómetros por hora). Este trágico accidente dejó 150 heridos y 21 muertos.

Para entender cómo sucedió esto, primero tenemos que averiguar qué es la melaza y cómo se comporta en diferentes entornos.

La melaza procede de las plantas de caña de azúcar y se utiliza para fabricar jarabe dulce, entre otros muchos tipos de edulcorante. La melaza se encuentra en muchos países con grandes plantaciones de azúcar, como Brasil, India y Tailandia. Cuando la melaza se fermenta, puede utilizarse para fabricar alcohol. La fermentación es un proceso en el que se deja una fruta, un vegetal o una mezcla de ambos, en un lugar oscuro y cálido para que crezcan bacterias buenas. El resultado es el alcohol. Una vez fermentado el azúcar y si se introduce una diferencia de temperatura,

la mezcla puede iniciar una reacción química que puede provocar una explosión. Esto fue lo que ocurrió y causó el gran desastre en el barrio de North End, en Boston.

En la semana anterior a la explosión, las temperaturas en Boston eran muy frías porque se estaba en pleno invierno. Luego, de repente, el 15 de enero, las temperaturas subieron por encima de los 40 °F (4 °C). Esto es todavía bastante bajo, pero un barco acababa de entregar melaza fresca el 14 de enero. Cada vez que se entregaba una carga fresca de melaza en los meses de invierno, había que calentarla para que fluyera con facilidad, ya que el tanque frío la hacía bastante dura y difícil de sacar. Cuando el depósito se calentó repentinamente, la melaza más antigua y fría se expandió a y, al verter la nueva melaza caliente en el depósito, esto provocó una expansión que hizo que el depósito estallara. El peso de la melaza colapsó el tanque y esto más el hecho de que estuviera más caliente, es lo que permitió que la melaza saliera a tan alta velocidad.

El tanque pertenecía a la United States Industrial Alcohol Corporation y, tras el accidente, ciento diecinueve personas demandaron a la empresa por daños y perjuicios. Los abogados de la empresa alegaron que la explosión fue causada por anarquistas italianos que bombardearon el tanque. El juez dictaminó que la United States Industrial Alcohol Corporation era la culpable del

accidente porque sabía desde hacía tres años que había
fugas en sus tanques y los había pintado de color marrón,
para ocultar el hecho de que los tanques no eran seguros.
La empresa fue condenada a pagar unos 630.000 dólares
por daños y perjuicios, y los familiares de las personas
que murieron, recibieron unos 7.000 dólares.

Se necesitaron semanas y mucha gente para limpiar
las calles pegajosas, utilizando agua salada desde un
barco de bomberos y echando montones de arena para
absorber la melaza. Todo estaba pegajoso y, hasta hoy,
los habitantes de Boston dicen que pueden oler la melaza
en la calle durante los días muy calurosos del verano.

El emperador teme a los conejos

Napoleón Bonaparte fue uno de los mayores emperadores que ha tenido Francia. También fue un soldado realmente fuerte y valiente que lideró muchas grandes batallas durante las Guerras Revolucionarias después de la Revolución Francesa. Aunque, un hombre tan grande e intrépido como Napoleón habrá tenido algunos miedos, ¿verdad? Muchas personas valientes tienen miedo de cosas grandes y temibles como los osos y los tigres. Napoleón, no. Su miedo era a… ¡los conejos!

¿Cómo llegó el hombre más valiente de la historia a ser conocido por su miedo a los suaves y esponjosos conejitos?

Bien, Napoleón con su ejército acababa de ganar una guerra y le apetecía celebrarlo con sus hombres. Al parecer, cazar conejos era una buena forma de celebrar la victoria en una guerra en el siglo XIX en Francia. Como Napoleón era un hombre muy ocupado, no salió a buscar los conejos él mismo sino que envió a su jefe a buscar algunos conejos.

Este fue un gran error que cambiaría la forma en que
todos verían a Napoleón como general en el futuro. Sin
embargo, el Emperador siguió con su jornada, sin saber
que el día siguiente sería el más estresante de su vida,
quizá incluso más que cualquier guerra en la que hubiera
combatido. Napoleón le había dicho a su jefe que solo
consiguiera una docena de conejos, pero el jefe salió y
volvió con lo que parecían ser entre setecientos y tres mil
conejos. ¡Había tantos conejos!

Como líder que nunca se había echado atrás en un
desafío, Napoleón siguió adelante con la caza, a pesar
de que había más conejos de los que quería. En la
mañana de la cacería, todos los conejos fueron puestos en
una jaula, para esperar a que Napoleón y sus hombres
comenzaran a dispararles. Cuando estuvieron listos,
Napoleón y sus hombres dieron la instrucción de dejar
salir a los conejitos de la jaula para que empezaran
a huir y Napoleón pudiera cazarlos. Pero, ocurrió
algo inesperado. En lugar de huir, los tres mil conejos
empezaron a correr directamente hacia Napoleón.

Asustado, Napoleón y sus hombres intentaron por todos
los medios que los conejos corrieran hacia el otro lado,
pero los conejos seguían cargando contra él. Los conejos
atacaron a Napoleón y a sus hombres, que intentaron
"espantarlos" pero no pudieron controlarlos. Sintiéndose
derrotado, Napoleón huyó y se subió a su carruaje para

escapar de los conejos. Eso sólo hizo que los conejitos se enfadaran aún más. Mientras Napoleón subía a la parte trasera de su carruaje, los conejitos empezaron a morderle y arañarle las piernas. Al verse superado en número, Napoleón intentó cerrar la puerta del carruaje, pero los historiadores dicen que algunos de los conejos subieron al carruaje con él, antes de que pudiera cerrar.

Los historiadores que cuentan la historia han llegado a decir que se lanzaban conejos por las ventanas del carruaje. Estos conejos estaban por todas partes, y nadie pudo detenerlos hasta que, finalmente, los cocheros se apresuraron y se llevaron a Napoleón en su carruaje.

Probablemente, todo lo que los conejitos querían era unas zanahorias para mordisquear y quizás no ser asesinados, pero acabaron defendiéndose y atacando al hombre más temido de la historia de Francia. Napoleón y sus hombres lo tenían bien merecido por querer matar a esos "adorables conejitos".

La mina de oro defectuosa

Hay un dicho en muchas lenguas africanas que se traduce vagamente como "la perseverancia es la madre del éxito". Muchas sociedades africanas viven según este principio y lo han hecho durante generaciones. Probablemente, este dicho proviene de los tiempos primitivos, cuando la única forma de conseguir alimentos era la caza y los cazadores y recolectores necesitaban motivación durante los largos periodos de caza. En los tiempos modernos, este refrán se cita a menudo para animar a la gente a no abandonar las tareas que parecen tediosas.

La historia de R.U. Darby es un doloroso recordatorio de lo que la gente puede perder cuando se rinde estando muy cerca de alcanzar lo que está buscando, en lugar de pedir la ayuda que necesita para continuar. Darby y su tío fueron dos de los muchos estadounidenses que se trasladaron a Colorado durante la fiebre del oro de Pike's Peak (1858-1861), en busca de oro para hacerse ricos. Los dos hombres encontraron efectivamente mineral de oro, pero tuvieron que regresar a su hogar de Maryland porque no tenían el equipo que necesitaban para sacar todo el oro. El tío de Darby pidió un préstamo para poder

comprar la maquinaria para excavar el oro y volvieron a Colorado, donde finalmente comenzaron a excavar.

Las primeras excavaciones tuvieron éxito y encontraron suficiente oro para enviarlo a la fundición. Al ritmo que estaban cavando y encontrando oro, Darby y su tío pronto hubieran podido pagar la deuda de la maquinaria y ganar mucho dinero con el oro que esperaban encontrar. La idea de encontrar más oro los animaba y perforaban y excavaban todos los días.

Pero, de repente, no pudieron encontrar más oro. El yacimiento de oro que habían estado excavando se acabó y, por más que excavaran, ¡solo encontraban tierra! Los dos hombres no dejaron que esto los afectara y siguieron cavando, a pesar de que no encontraban nada.

Sin embargo, con el paso del tiempo, empezaron a desanimarse porque seguir cavando sin encontrar oro, los endeudaba aún más y, simplemente, ya no podían seguir adelante. Vendieron la maquinaria de excavación a un hombre que se dedicaba a comprar artículos no deseados y volvieron a Maryland con las manos vacías.

El hombre que compró su máquina no creía que Darby y su tío se hubieran equivocado sobre la mina de oro. Así que, antes de descomponer la máquina en partes más pequeñas que pudiera vender, acudió a un ingeniero de minas para que le confirmara si realmente no había más oro en la mina. El ingeniero le dijo que, sin duda, había oro en esa mina y que los Darby no habían llegado a él todavía porque las rocas de esa parte estaban separadas entre sí unos tres pies (algo menos de un metro) allí desde donde Darby y su tío habían abandonado la excavación. Al oír esto, el hombre continuó cavando en el punto donde Darby y su tío se habían detenido y allí estaba el oro, ¡exactamente a un metro!

Darby llegó a ser un vendedor de seguros de gran éxito y abrió su propio negocio de seguros.

Los cocodrilos galopantes del desierto del Sahara

El desierto del Sahara es el tercer desierto más grande del mundo, después de los desiertos ártico y antártico. Está en el continente africano y es muy caluroso en comparación con otras partes del mundo, incluso con otros desiertos que pueden llegar a ser muy fríos por la noche y en invierno. Esto hace que el Sahara sea el mayor desierto caliente del mundo.

Sin embargo, no siempre fue así, e, incluso, hubo una época en la que el clima de las zonas del Sahara y sus alrededores era mucho más húmedo y fresco. Allí vivían diferentes tipos de cocodrilos, ¡y todos podían nadar y galopar como caballos! En el norte del desierto del Sahara hoy se encuentran países como Marruecos, Níger y Egipto, pero en la época de los dinosaurios se podían encontrar cocodrilos galopando en todos estos lugares. Los arqueólogos encontraron cinco esqueletos de cocodrilos galopantes en las partes del desierto que ahora se encuentran en Marruecos y Níger. Estos esqueletos cuentan una interesante y emocionante historia de los cocodrilos galopantes que no sólo convivían con los dinosaurios, sino que también se los comían.

Una de las especies recién descubiertas se llama *Kaprosuchus saharicus*. Tenía tres colmillos que parecían puñales, una nariz protegida y medía 6,5 metros de largo. La otra especie, llamada *Laganosuchus thaumastos*, tenía la misma longitud, pero la cabeza plana. Se dice que esta especie se movía en el agua con la mandíbula abierta, lista para morder a los peces que nadaban hacia su boca sin darse cuenta de que era una trampa. La tercera especie se llama *Araripesuchus rattoides* y medía un metro de largo; se cree que tenía dientes que apuntaban hacia abajo, lo que le permitía excavar en busca de comida.

Los cocodrilos comían cosas diferentes y se comportaban de forma distinta porque vivían en diferentes secciones del desierto. También tenían algunas diferencias en sus cuerpos. Una de

las especies tenía una nariz ancha que permitía oler las presas en el agua y la otra tenía una nariz blanda como la de un perro, probablemente para respirar mejor cuando se movía rápidamente, cuando estaba bajo el agua o en el suelo. También tenían muchas cosas en común. Todos eran claramente reptiles, pero tenían patas más largas que las de los reptiles actuales. Estas patas les permitían correr en tierra y también debían ser muy rápidos. Tenían colas muy fuertes y flexibles que les permitían remar y también eran muy buenos nadadores. Esta habilidad se transmitió a los cocodrilos actuales; el galope no tanto.

El agujero que comía helicópteros

Los seres humanos han desafiado las leyes de la naturaleza y han construido muchas cosas impresionantes. Hay récords mundiales del edificio más alto, de la mayor represa y de muchas otras construcciones. Algunas son tan grandes, como la Gran Muralla China, que se pueden ver desde el espacio. Con 525 metros de profundidad y 1,25 kilómetros de longitud, la mina Mirny es una de las mayores excavaciones hechas por el hombre en el mundo y es tan grande y tan profunda, que puede absorber helicópteros. ¿Cómo lo hace? Por la gravedad.

La mina Mirny es una gigantesca mina de diamantes de kimberlita a cielo abierto situada en Siberia oriental. Esta zona formaba parte de la República Socialista Soviética Autónoma de Yakut, que a su vez formaba parte de la Unión de Repúblicas Socialistas Soviéticas (URSS). Después de la Segunda Guerra Mundial, la URSS estaba económicamente arruinada y, después de que los geólogos encontraran los depósitos de kimberlita que llevaron a la excavación de la mina Mirny, la región recibió un impulso económico muy necesario.

La kimberlita es un tipo de roca que es la portadora más común de los diamantes. Recibe su nombre de la ciudad sudafricana de Kimberley, que fue donde en 1869 se encontró un diamante de 83,5 quilates (16,70 g). Este diamante recibió el nombre de Estrella de Sudáfrica y su descubrimiento provocó una gran fiebre de diamantes, así como la excavación de la primera mina a cielo abierto de Sudáfrica, llamada Big Hole. La minería a cielo abierto es un método en el que los geólogos cavan un agujero, el pozo, una vez que han descubierto un mineral en un lugar determinado. Este método de extracción es mucho más barato que otros tipos de minería, como la subterránea. Esto se debe a que se necesitan menos trabajadores y máquinas para explotar una mina a cielo abierto. Además, se puede extraer el mineral mucho más rápido y se puede sacar más cantidad de una vez que en una mina subterránea,, que necesita más energía y maquinaria.

La minería a cielo abierto se utiliza cuando los minerales están cerca de la superficie y no es necesario excavar túneles. Entonces, ¿por qué la mina Mirny es una mina a cielo abierto, cuando es tan profunda? En términos geológicos, "cerca de la superficie" no significa la distancia que se puede excavar con una pala de jardín normal. De hecho, la kimberlita se encuentra normalmente entre 93 y 280 millas (150 y 450 kilómetros) bajo el suelo. Eso sigue siendo bastante profundo y es la razón por la que las minas de diamantes, incluso cuando son a cielo abierto, siguen siendo extendidas y profundas. Esto explica la parte de la gravedad.

Así es como funciona. Si cavas un agujero lo suficientemente grande en la tierra, el aire dentro del agujero empieza a calentarse, a medida que te acercas al centro muy caliente de la tierra. Cuanto más profundo sea el agujero, más caliente será el aire. Esto está bien, excepto que el aire directamente por encima del agujero es ahora más frío que el aire dentro del agujero y, según la física, el aire caliente sube y el aire frío se hunde. Por lo tanto, hay mucho movimiento de aire en el agujero mientras la tierra intenta equilibrar esta diferencia de temperaturas. Esto ocurre muy rápidamente. Ahora, imagina que un helicóptero intenta volar sobre el agujero. Primero, el aire caliente elevará el helicóptero, pero luego, el aire frío que está por encima querrá empujar el helicóptero hacia abajo. El piloto no tendrá tiempo suficiente para aumentar la velocidad de giro de los rotores para trabajar contra el movimiento de hundimiento del aire. Antes de que se dé cuenta, es probable que el helicóptero gire hacia abajo, fuera de control, y podría golpear el agujero y caer en él. Sin embargo, nunca se ha confirmado que la mina Mirny haya succionado un helicóptero, ya que el espacio aéreo sobre la mina está cerrado a todas las aeronaves por razones de seguridad, pero aún así, ¡es posible!

La Torre de Pisa, nunca vertical

¿Entrarías en un edificio que parece que se está cayendo? Si tu respuesta es negativa, te convertirás en uno de los pocos turistas que no ha visitado la ciudad italiana de Pisa y su Torre Inclinada. De hecho, la Torre de Pisa es una de las atracciones turísticas más populares de Europa y siempre hay cola para subir sus doscientos cincuenta y un escalones.

El nombre de la ciudad de Pisa proviene de una palabra griega que significa "tierra pantanosa". Eso significa que el suelo es blando y que los objetos pesados suelen hundirse en la tierra blanda. Se podría pensar que eso habría dado a los constructores de la torre una pista de que no sería una buena idea construir allí, y es aún más sorprendente saber que la Torre de Pisa inclinada, no es el único edificio de la zona que se inclina o se hunde. Otros dos campanarios de la ciudad también están

inclinados, en las iglesias de San Miguel de los Escalones y la de San Nicolás.

Además, otros edificios más grandes, la Catedral de Pisa y el Baptisterio de Pisa, ambos más antiguos que la Torre de Pisa, también se están hundiendo. Todos estos magníficos edificios se encuentran en la llamada Plaza de los Milagros (Piazza dei Miracoli, en italiano). Quizá el milagro sea que ninguno de estos edificios se haya caído todavía.

Obviamente, el diseñador de la Torre de Pisa pretendía que fuera totalmente vertical, pero no se

dio cuenta de que estaba construyendo sobre una base inestable. Durante mucho tiempo, hubo cierta confusión sobre quién fue realmente el diseñador de la torre, pero hoy en día generalmente se cree que fue Bonanno Pisano o Gherardo di Gherardo, o ambos. Quizá el verdadero diseñador preferiría que no supiéramos su nombre.

La construcción de la Torre de Pisa comenzó en agosto de 1173 y tardó más de ciento noventa y nueve años en terminarse. La torre se construyó en tres fases, y la primera fue dirigida por los escultores y probables diseñadores, Bonanno Pisano y Gherardo di Gherardo. Cuando los obreros comenzaron a añadir el cuarto piso a la torre, en 1178, ésta comenzó a inclinarse hacia el Sur. La construcción se detuvo inmediatamente y la pausa acabó durando cien años. Esto se debió a que la República de Pisa entró en guerra con las repúblicas vecinas de Génova, Lucca y la ciudad de Florencia. Sorprendentemente, la larga pausa ayudó a Pisa a terminar la torre, ya que ese tiempo permitió que el suelo bajo la torre se endureciera. Esto hizo que la torre se mantuviera erguida, aunque obviamente seguía inclinada.

La segunda fase de la construcción comenzó en diciembre de 1275, y fue dirigida esta vez por el ingeniero Giovanni di Simone. Para intentar compensar la inclinación, los ingenieros que trabajaban en los pisos superiores de la Torre, los construyeron con un lado más alto que el otro.

Esta fase de la construcción también se vio interrumpida por la guerra, esta vez en 1285, cuando la República de Pisa fue derrotada por la República de Génova en la batalla de Meloria.

Tommaso Pisano, escultor y arquitecto, comenzó la tercera y última fase de la construcción de la torre, que se terminó en 1399.

A lo largo del proceso de construcción, e incluso durante los años posteriores a su finalización, la torre siguió inclinándose muy lentamente. En 1990, el grado de inclinación era de 5,5 grados. Ante el temor de que la torre se derrumbara, un equipo de ingenieros ideó una solución para evitar que la torre se cayera y para que los cimientos fueran más estables.

Trabajaron en dos etapas. En primer lugar, utilizaron un proceso llamado "extracción de suelo", en el que los ingenieros excavaron túneles bajo el lado no inclinado de la torre, sacando tierra de debajo de los cimientos. Esto hizo que el suelo bajo ese lado empezara a hundirse también, y se "niveló" la torre. La segunda etapa comenzó cuando los ingenieros se dieron cuenta de que la torre se inclinaba más en invierno. Esto se debía a que el nivel freático, el nivel bajo la torre donde el suelo se empapa de agua, en el lado norte era más alto que en el lado sur después de que llovía, lo que hacía que ese lado se levantara y aumentara la inclinación. Para solucionarlo, los ingenieros cavaron desagües bajo los cimientos para que el agua sobrante pudiera salir.

Durante estos modernos trabajos de estabilización, la Torre de Pisa estuvo cerrada al público. Se reabrió en 2001, y los ingenieros confían en que le queden otros doscientos años antes de que empiece a inclinarse más. Será mejor que consigas una entrada ahora.

EL Dr. SEMMELWEIS, EL MÉDICO LOCO

Lavarse las manos es la forma más importante de evitar que los gérmenes se cuelen en nuestro cuerpo. Nos lavamos las manos antes y después de comer, después de jugar y, prácticamente, después de haber estado fuera o de haber cogido cualquier cosa que pueda tener gérmenes. Nos lavamos las manos siempre que vamos al baño, estornudamos y, sobre todo, cuando nos sentimos mal. Sin embargo, hace casi doscientos años, lavarse las manos no era tan popular como ahora e incluso los médicos trabajaban con sus pacientes sin limpiarse primero las manos y limpiar el equipo. La historia del lavado de manos comienza con el médico húngaro Ignaz Semmelweis en Viena, donde estaba a cargo de dos salas de maternidad en un hospital.

El Dr. Semmelweis nació el 1 de julio de 1818 y se convirtió en médico en una época en la que muchas madres morían después del parto a causa de la "fiebre del parto". Como obstetra, médico especializado en el cuidado de madres embarazadas y en el parto, el Dr. Semmelweis se dio cuenta de que había una diferencia en las tasas de mortalidad entre dos salas de maternidad. Las diferencias se debían a las prácticas de higiene en las dos salas. Morían menos madres en la sala en la que las comadronas ayudaban a dar a luz que en la sala en la que los médicos y estudiantes de medicina atendían los partos. La sala de médicos y estudiantes de medicina estaba cerca de la sala de autopsias y era habitual que los médicos pasaran directamente de realizar autopsias a atender partos sin lavarse las manos. Las comadronas sólo ayudaban a dar a luz a los bebés, por lo que no tenían, como los médicos y estudiantes, el mayor número de gérmenes que se derivaban de la realización de cirugías.

En 1847, el Dr. Semmelweis sugirió que todos los médicos y estudiantes de medicina debían lavarse las manos en una solución de cloro, después de realizar autopsias y antes de manipular pacientes y niños. A pesar de que estaba claro que el lavado de manos salvaba vidas, los médicos no querían hacerlo, así que el Dr. Semmelweis los denunció públicamente por no lavarse las manos antes de tratar a los pacientes.

Los otros médicos estaban molestos con el Dr. Semmelweis porque se sentían atacados y avergonzados, pero tampoco querían admitir que las muertes de los pacientes se debían a la falta de higiene y no a una enfermedad que se propagaba por el aire como ellos decían. De hecho, el Dr. Semmelweis fue despedido del hospital donde trabajaba en Viena porque nadie quería escuchar sus ideas. Entonces se trasladó a Budapest y empezó a trabajar en un nuevo hospital donde siguió animando al personal a lavarse las manos con cloro antes de tratar a sus pacientes. Incluso en este nuevo trabajo, se burlaron de él por sus creencias.

Esto molestó al Dr. Semmelweis, y comenzó a escribir públicamente sobre la importancia del lavado de manos en los hospitales. Sin embargo, los demás médicos seguían burlándose de él y su salud mental se resintió tanto que no podía hablar de otra cosa que no fuera la fiebre puerperal y las prácticas antisépticas. Cuando empezó a mostrar síntomas de demencia incipiente, le engañaron para que visitara un manicomio en 1865, pensando que sólo iba a visitar las nuevas instalaciones. Cuando se dio cuenta de que estaba ingresando como paciente, cayó en un ataque de ira e intentó marcharse, pero fue golpeado por los guardias y arrojado a una celda.

La salud mental no se trataba entonces con cuidado y sensibilidad y el Dr. Semmelweis fue humillado y maltratado durante toda su estancia y murió dos semanas después de su ingreso. Se dice que sufrió una herida por la paliza y que esta se infectó. Casi veinte años después de su muerte, las ideas del Dr. Semmelweis sobre las prácticas antisépticas se adoptaron en todos los hospitales del mundo y siguen siendo la práctica más importante en la sanidad pública.

Los beneficios del lavado de manos no sólo se observan en la asistencia sanitaria, sino también en nuestra vida cotidiana. Practicando una buena higiene, que promueve el lavado de manos con agua y jabón, hemos podido contribuir a la lucha contra los brotes mundiales de enfermedades y virus y hemos salvado colectivamente muchas vidas. En nuestras escuelas, nos enseñan a lavarnos siempre las manos y a cuidar a los bebés, a los ancianos, a los enfermos y a cualquier persona que pueda enfermar mucho por culpa de los gérmenes, gracias al descubrimiento del Dr. Semmelweis. Gracias a él, podemos vivir sanos y sin gérmenes.

La guerra más corta
de la historia

La Segunda Guerra Mundial duró seis años y en ella
murieron entre cuarenta y cincuenta millones de personas.
Seis años de combates constantes parece un tiempo
extremadamente largo, pero ni siquiera fue la décima
guerra más larga de la historia del mundo. En cada siglo,
hubo guerras realmente largas entre diferentes naciones y
grupos de personas, siendo la Reconquista la guerra más
larga.

¡Duró 781 años!

El imperialismo europeo fue la época en la que algunas
naciones europeas se propusieron hacerse del control de
las naciones en otros continentes. África era el continente
que todos querían controlar más, porque tenía mucho
oro, diamantes, petróleo, cacao y muchos otros recursos
naturales. Durante un tiempo, Gran Bretaña y Alemania
lucharon por muchos de los mismos lugares. Ambos
querían el África occidental por el petróleo y el cacao
y ambos querían el África oriental por el fácil acceso
a Asia, donde todo el mundo iba a comprar especias

y seda. Entonces, en 1890, Gran Bretaña y Alemania finalmente acordaron compartir el África Oriental y firmaron el tratado de *Heligoland-Zanzíbar*. Este tratado otorgó a Gran Bretaña la isla de Zanzíbar, frente a la costa de Tanzania, y Alemania tomó el control del país continental de Tanzania.

Gran Bretaña convirtió inmediatamente a Zanzíbar en un protectorado del Imperio Británico. Un protectorado es un país que está bajo la protección y el control de otro país, pero que sigue teniendo sus propios dirigentes. En 1893, Gran Bretaña pidió al sultán, una persona que sabían que era partidaria de sus ideas, que cuidara de Zanzíbar por ellos. Se llamaba Hamad bin Thuwaini. Un sultán es un líder poderoso y respetado y, generalmente, la gente hace lo que el sultán le dice. Por eso era importante para los británicos que el sultán no les creara problemas y siguiera sus órdenes. Cuando Hamad murió en 1896, su primo Jalid bin Barghash se hizo sultán sin pedir permiso a los británicos. A estos no les gustó y empezaron a prepararse para la batalla, ya que Jalid se negaba a dimitir.

Jalid y sus fuerzas de casi tres mil hombres, armados con cañones de artillería, se reunieron alrededor del palacio. También armaron el yate real que estaba en el puerto cercano. Del mismo modo, los británicos enviaron a sus soldados para asegurarse de que la gente no luchara en las calles de Zanzíbar. La noche del 25 de agosto de

1896, el jefe de la diplomacia británica, Basil Cave, envió un mensaje a Jalid en el palacio diciéndole que arriara su bandera y se entregara antes de las nueve de la mañana siguiente. Si no lo hacía, las tropas británicas abrirían fuego contra el palacio. Khalid se negó y exactamente a las 9 de la mañana del 26 de agosto de 1896, se dio la orden de abrir fuego. A las nueve y dos minutos de la mañana, la mayor parte de la artillería de Jalid había sido destruida y se dice que ese fue también el momento en que escapó por una salida trasera y huyó. Sus fuerzas y sirvientes continuaron la lucha hasta que fueron derrotados a las nueve y cuarenta de la mañana. La guerra más corta de la historia había comenzado y terminado en sólo treinta y ocho minutos.

Khalid escapó esa vez y fue ayudado por los alemanes a huir a Tanzania continental, donde lo protegieron, aunque el tratado de *Heligoland-Zanzíbar* significaba que los gobernantes británicos tenían derecho a ir a buscarlo y arrestarlo. Eventualmente, Gran Bretaña invadió Tanzania y Jalid fue finalmente capturado y enviado al exilio en la isla de Santa Elena. Pasado un tiempo, se le permitió volver al África Oriental y murió en Tanzania en 1927.

El cerebro robado de Albert Einstein

Al físico Albert Einstein, nacido en Alemania y ganador del Premio Nobel, le encantaba viajar, tanto que hasta llegó a publicar un diario de viaje en el que detallaba algunos de sus desplazamientos. Sin embargo, ni siquiera él podía imaginar que su cerebro seguiría viajando, ¡incluso después de su muerte!

Einstein era muy consciente de sus contribuciones, no sólo al mundo de la física, sino también al mundo en general. Sabía que no era una tontería pensar que la gente querría conservar y estudiar su cerebro después de su muerte, para tratar de entender y explicar por qué funcionaba como lo hacía. Al fin y al cabo, era considerado el físico más influyente del siglo XX. Por eso, hacia el final de su vida, dio instrucciones muy concretas para que su cuerpo fuera incinerado y sus cenizas esparcidas en secreto, para evitar que la gente rindiera culto al lugar donde estaba enterrado. Insistió expresamente en que su cerebro y su cuerpo no fueran estudiados, pero sus deseos no fueron respetados.

Einstein murió el 18 de abril de 1955 en el Hospital de Princeton a la edad de 76 años y el patólogo de guardia, Thomas Harvey, le robó el cerebro. Pocos días después de la muerte de Einstein, se descubrió que el Dr. Harvey había tomado el cerebro de Einstein sin el permiso de su familia y, de hecho, sin el consentimiento por escrito del propio Einstein. Finalmente, y como último recurso, el hijo de Einstein, Hans Albert, dio permiso al Dr. Harvey para estudiar el cerebro siempre que fuera estrictamente para la ciencia. Con esta bendición forzada, el Dr. Harvey se llevó el cerebro a Filadelfia después de perder su trabajo en Princeton. Éste fue el primero de los muchos traslados del cerebro de Einstein, al que se movía mucho y se almacenaba, a menudo, en lugares inusuales. Mientras sucedía todo esto, el Dr. Harvey siguió diseccionando y estudiando el cerebro.

En Filadelfia, el Dr. Harvey dividió los trozos del cerebro de Einstein en dos frascos y los guardó en su sótano. En una ocasión, mientras estaba fuera trabajando, su mujer le amenazó con tirar el cerebro, por lo que tuvo que volver a recogerlo para llevárselo a su nuevo trabajo en Kansas, donde guardó el cerebro en una caja de sidra bajo un refrigerador de cerveza. Las cosas tampoco funcionaron allí y el Dr. Harvey se trasladó a Weston Missouri, donde empezó a ejercer de nuevo la medicina y a estudiar el cerebro en su tiempo libre. En 1988, perdió su licencia médica y se trasladó de nuevo a Kansas.

Harvey envió trozos del cerebro de Einstein a científicos de todo el mundo y la mayoría de ellos coincidieron en que el cerebro no era normal, pero nadie pudo señalar una característica específica que pudiera explicar el genio de Einstein. Después de todos los problemas y el trabajo de Harvey, el misterio seguía sin resolverse.

¿Qué se encontró exactamente en el cerebro de Albert Einstein? Bueno, pesaba menos y tenía una mayor densidad de neuronas que el cerebro medio de un hombre adulto. También tenía una corteza cerebral más delgada que los cinco cerebros con los que se comparó. Pero, había un gran problema con estos estudios. Sólo tenían el cerebro de Albert Einstein para comparar. Sin los cerebros de otras personas con altas capacidades matemáticas e intelectuales, los científicos no podían afirmar que

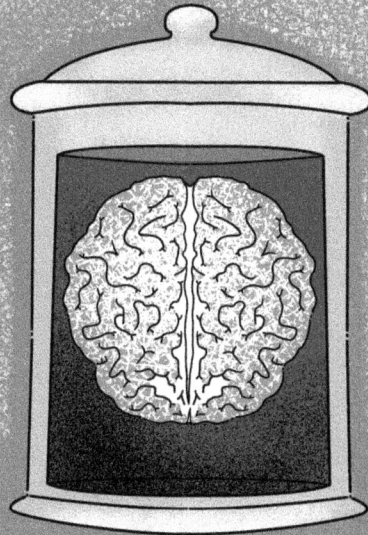

las diferencias en el cerebro de Einstein fueran la causa principal de su genialidad.

Si alguna vez sientes curiosidad por saber cómo era su cerebro, algunos de los lugares en los que estaba esparcido, lo han expuesto. El mejor lugar para ir a verlo es el Museo Mütter del Colegio de Filadelfia.

¿De quién era el ratón Mickey?

Cuando oímos el nombre de Walt Disney o, incluso, simplemente vemos el logotipo de Disney, lo primero que nos viene a la mente a la mayoría de nosotros es el ratón Mickey, Mickey Mouse. No sólo el nombre y el legado de Walt Disney están ligados a Mickey Mouse, sino que él también prestó su voz a Mickey Mouse en las famosas animaciones. Cuando se le preguntó cómo se le ocurrió tan brillante idea, Disney contó unas cuantas historias, diferentes entre sí y algunas no muy convincentes. Así que todo cobró sentido cuando se reveló que Walt Disney no creó, de hecho, a Mickey Mouse. Al menos, no solo. Y por cierto, no el dibujo ni la animación.

La persona que realmente estuvo detrás del icónico dibujo de Mickey Mouse es el animador Ub Iwerks. Creció en Kansas City, donde conoció a Walt Disney cuando eran adolescentes. Se hicieron buenos amigos y empezaron a trabajar juntos en muchos proyectos. Los dos hombres eran propietarios y trabajaban en el estudio Laugh-O-Gram y reunían a jóvenes creadores y animadores para diseñar y realizar animaciones. Este fue el mismo estudio del que Walt Disney dijo que fue el origen de la historia de Mickey Mouse. Dijo que todo empezó con un ratón mascota que tenía allí. Walt Disney era muy carismático y a la gente le gustaba oírle hablar. También le gustaba que le escucharan y pasaba mucho tiempo haciendo que él y sus historias fueran entretenidas, incluso en su propia vida real, cuando no interpretaba al personaje de Mickey.

En 1928, Walt Disney perdió los derechos de su primer personaje famoso, Oswald, el Conejo Afortunado. Sus animadores no querían seguir trabajando con él porque pensaban que iba a fracasar. Ub Iwerks había creado Oswald el Conejo con Disney y Iwerks fue el único animador que se quedó con Walt Disney. Mientras los demás animadores terminaban a Oswald para el último dibujo animado, Iwerks y Disney trabajaban en secreto creando un nuevo personaje. Iwerks diseñó Mickey Mouse él solo, después de hacer setecientos dibujos por día. A partir de este diseño, animó el primer dibujo de Mickey Mouse en sólo dos semanas, algo que a la mayoría de los demás animadores les habría llevado meses.

Iwerks fue capaz de hacerlo tan rápidamente porque tenía un talento increíble, pero también tenía la ventaja de ser tanto el ingeniero como el diseñador, por lo que podía hacerlo todo él solo, así que lo hizo.

La razón por la que Disney se hizo famoso como el genio detrás de Mickey Mouse, mientras que el verdadero creador, Iwerks, permaneció en la sombra, es que Walt Disney contó muchas historias dramáticas en las que decía a todo el mundo que era él quien había diseñado a Mickey Mouse. Cuando el personaje y la animación se hicieron más famosos, no pudo decir la verdad. ¿Quién sabe? Tal vez ni siquiera quería hacerlo. Nos queda el consuelo de saber que, al final, el legítimo creador de Mickey Mouse recibió el crédito que se merece, aunque

fuera más de setenta años después. Además, podemos disfrutar del talento de Ub Iwerks en los efectos especiales de Disney y en algunas de sus mejores obras como 101 *Dálmatas, La Bella Durmiente, Mary Poppins y Los Pájaros.*

Salón de la Fama de la Lucha Libre: Abraham Lincoln

¿Te has preguntado alguna vez qué hacían los presidentes antes de serlo? Abraham Lincoln fue luchador cuando era joven, antes de ser elegido presidente y fue incluido en el Salón Nacional de la Fama de la Lucha Libre en 1992. Esto, por sí solo, no es lo más impresionante o sorprendente, porque otros presidentes también han estado en este Salón de la Fama. Entre ellos están el padre fundador y primer presidente de los Estados Unidos, George Washington, el padre fundador, John Adams, y Theodore "Teddy" Roosevelt.

Abraham Lincoln fue el 16° presidente de los Estados Unidos de América. Su presidencia comenzó y terminó durante la Guerra Civil y recibió constantes amenazas contra su vida. Fue presidente desde el 4 de marzo de 1861 hasta que fue asesinado el 15 de abril de 1865. En esos cuatro años, se le conoció como una persona honorable y decidida. Abe Lincoln, como todavía se lo llama cariñosamente, inició el difícil e importante camino de la liberación de los esclavos, con la firma de la Decimotercera Enmienda, aunque ésta no se aprobó hasta después de su muerte. Lincoln también utilizó su formación profesional como abogado, para sentar las bases de las

leyes que cuidaban de los pobres en los Estados Unidos, permitiéndoles vivir en las zonas del país donde podían trabajar y mantenerse.

Cuando era joven y luchador, era una persona ligeramente diferente. Medía 1,93 metros, pesaba 83,9 kilos y era muy fuerte. Era muy bueno en el combate cuerpo a cuerpo y en encontrar los puntos débiles de las personas contra las que luchaba. Algunos historiadores creen que esta habilidad lo ayudó más tarde en su papel de presidente. De hecho, Abraham Lincoln ganó adeptos en sus primeras campañas para un puesto en el Senado de los Estados Unidos en Illinois en 1858, porque la gente había oído hablar de su talento como luchador. Aunque en esa ronda perdió la elección, ganó la presidencia dos años después, en parte porque el público había llegado a apreciarlo por ser un luchador competitivo, pero también un deportista justo y honesto. Estas son algunas de las cualidades más importantes de la vida y nos dicen mucho sobre una persona.

Otra razón por la que Lincoln era tan respetado y era más impresionante que otros luchadores de su época e, incluso, más impresionante que los otros ex presidentes que eran hábiles luchadores, es el hecho de que fue un luchador durante doce años y luchó en unos trescientos combates. Por si fuera poco, ¡sólo perdió uno de esos trescientos combates! A pesar de esta única derrota, en 1831, ante un hombre llamado Hank Thompson, la leyenda del luchador que podía aventajar en la lucha, superar y derribar a cualquiera en Illinois, continuó.

Abraham Lincoln puede verse en una exposición titulada *"Presidential Grapplers"* en el *National Wrestling Hall of Fame and Museum*, junto con otros ocho ex presidentes de los Estados Unidos. Sin embargo, Abraham Lincoln es el único que goza del honor especial de ser considerado un "estadounidense destacado". ¿Cuántas personas pueden decir que han sido un abogado de éxito, un luchador casi invicto y, posiblemente, el mejor presidente de la historia de su país?

¡Llegó el correo!

Los niños que se envían solos en el transporte público, se denominan "Menores no acompañados" y las aerolíneas, trenes y servicios de autobús de todo el mundo lo permiten. El envío de niños no acompañados ayuda a los padres y tutores que no pueden permitirse pagar al mismo tiempo su pasaje y el de sus hijos y se considera un servicio seguro por las precauciones que toman otros adultos que conocen las circunstancias de los niños.

Ahora bien, que te envíen a tus familiares a otra ciudad, estado o país tú solo en un avión es una cosa, pero, ¿sabías que la gente ha utilizado el servicio de correo para enviar a sus hijos a través de ciudades e, incluso, estados?

En 1913, los Servicios Postales de Estados Unidos introdujeron nuevos servicios que permitían a la gente enviar paquetes más grandes y en mayor cantidad por correo. El problema era que no tenían claro qué tipo de artículo podía ir en los paquetes. La única norma era que el paquete enviado debía pesar menos de 11 libras (4,5 kilogramos). Por supuesto, la gente enviaba todo tipo de cosas pero, la primera vez que alguien envió un bebé por correo, fue al bebé de ocho meses, James Beagle, que pesaba justo por debajo del límite de 11 libras. Los padres del bebé James pagaron quince céntimos por enviarlo por correo y una cuota de seguro de cincuenta dólares. Sorprendentemente, un cartero entregó al bebé James sano y salvo a su abuela en Batavia, Ohio, a pocos kilómetros de la casa de sus padres.

Los periódicos locales informaron sobre la entrega del bebé James a través del servicio de correos y otros padres empezaron a enviar a sus hijos a sus familiares por correo porque era más barato que comprar un pasaje de tren. De vez en cuando, se informaba sobre otras historias y, en muchos casos, la única razón por la que se informaba, era porque la oficina de correos tenía que rechazar al niño porque superaba el límite de peso.

En junio de 1913, sólo seis meses después del primer registro de un bebé enviado por correo, los Servicios Postales de los Estados Unidos cambiaron sus reglas para aclarar que los niños estaban excluidos de la entrega. Sin embargo, este mensaje no llegó a todos los padres ya que, en la mañana del 31 de agosto de 1915, Maude Smith, de tres años, procedente de Caney, en el condado de Morgan, llegó en el tren del correo a Jackson. Fue la última niña en ser enviada por correo.

Extrañamente, esto demuestra la confianza que la gente de las comunidades pequeñas tiene en sus carteros y ésta era una confianza bien ganada. En muchos barrios, el cartero es la única persona que va a todas las zonas todos los días y que puede ver y oír todo lo que sucede en el barrio. Tampoco es raro escuchar historias de un cartero que salva a un niño o a un anciano que necesita ayuda médica. Les confiamos nuestras cartas, que a veces contienen secretos, así que no es de extrañar que los padres también les confíen sus hijos.

Palabras Finales

Este libro ofrece a los padres la libertad de elegir cualquier historia en cualquier momento y de leer a sus hijos porque ninguna de las historias está relacionada entre sí. También puede ser una actividad divertida que les permita involucrar a sus hijos en la elección de un cuento, quizás con un sorteo o un juego de números, para decidir qué cuento leer. Además, el libro es muy flexible; se puede leer una historia, o dos, en una sola sesión. No hay obligación de ceñirse a una historia larga, porque cada historia comienza de forma aguda, como algo nuevo y claramente no relacionado con la anterior, y termina con una resolución y una satisfactoria sensación de finalización. Tu hijo vivirá plenamente cada historia y no se quedará preguntando qué ha pasado o anticipando una historia posterior.

Las historias están en un lenguaje lo suficientemente sencillo y claro para todas las edades, pero también contienen algunos retos divertidos que, muy probablemente, se alinearán con el viaje de desarrollo educativo de tu hijo. En cada historia, hay una oportunidad de aprender una o dos palabras nuevas. Además, cada historia tiene un final alegre que se puede esperar y los párrafos iniciales dan la seguridad de que no todo es sombrío. Estas lecciones de vida hábilmente plantadas permiten al joven lector llegar a la importante lección por sí mismo y ofrece a los padres la oportunidad de reforzar estas lecciones en un lenguaje al que sabes que tu(s) hijo(s) responderá(n) mejor.

Sin imponer un determinado enfoque a la hora de introducir la literatura a los niños, este libro anima a los padres a dejar que sus hijos lean por sí mismos la mayor cantidad de historias en voz alta, tan a menudo como sea posible, narrando con voces juguetonas y con el pleno uso de su imaginación. Este libro les permite colorear lo que a menudo se enseña como historia sombría, muerta y aburrida, reservada para la escuela. Los desafía a encontrar formas creativas de dar vida a estas historias en el hogar y a participar en su creación e interpretación.

Se ha prestado gran atención a la entrega de información objetiva, histórica y contextualmente precisa, que es a la vez sensible y respetuosa con las personas, los lugares y las culturas de las que se habla en este libro. Este libro se basa en la firme creencia en la integridad y la dignidad de la narración, porque las personas que aparecen en nuestras historias, a menudo no están aquí para corregirnos si cometemos errores al relatar sus vidas. Por ello, estos relatos se cuentan con honestidad y objetividad, en la medida de lo posible, y la compasión y una lectura empática de la historia toman el relevo cuando se encuentran hechos poco o nada convincentes. Las historias son deliberadamente muy fáciles de seguir, pero no se diluyen ni se simplifican en exceso para honrar a las personas y los lugares que representan. Descubrirás que, incluso como adulto, es posible que nunca hayas oído hablar de muchas de estas historias, por lo que es realmente una fiesta para toda la familia. Disfruta aprendiendo, riendo y celebrando nuestro pasado, presente y futuro.

www.ingramcontent.com/pod-product-compliance
Lightning Source LLC
Chambersburg PA
CBHW060232030426
42335CB00014B/1422